びっくり探《たん》県《けん》!

まるごと
わかる

神《か》奈《な》川《がわ》の図《ず》鑑《かん》

監修 梅澤真一

KADOKAWA

空《そら》から神奈川県《かながわけん》を見《み》てみよう！

神奈川県《かながわけん》には横浜市《よこはまし》や川崎市《かわさきし》などの大都市《だいとし》とともに、丹沢《たんざわ》や箱根《はこね》、鎌倉《かまくら》といった大自然《だいしぜん》や人気《にんき》の観光地《かんこうち》があります。ふだんはなかなか見《み》られない、魅力《みりょく》いっぱいの神奈川県《かながわけん》を空《そら》（飛行機《ひこうき》）から撮影《さつえい》した写真《しゃしん》で見《み》ていきましょう。

空撮写真：吉永陽一

横浜港《よこはまこう》 ➡ 142ページ

横浜港《よこはまこう》付近《ふきん》を北東方向《ほくとうほうこう》から撮影《さつえい》。手前《てまえ》に突《つ》き出《で》た大《おお》さん橋《ばし》には豪華客船《ごうかきゃくせん》「飛鳥II《あすかツー》」が停泊中《ていはくちゅう》だ。写真《しゃしん》の中央《ちゅうおう》から右奥《みぎおく》にかけてが、横浜赤《よこはまあか》レンガ倉庫《そうこ》や横浜《よこはま》ランドマークタワーが立《た》つ「みなとみらい21地区《ちく》」。

2021年《ねん》7月《がつ》12日撮影《にちさつえい》。

川崎《かわさき》貨《か》物駅《もつえき》 → 110ページ

羽田《はねだ》空港《くうこう》側《がわ》から神奈川《かながわ》臨海《りんかい》鉄道《てつどう》の川崎《かわさき》貨《か》物駅《もつえき》を撮影《さつえい》。写真《しゃしん》中央《ちゅうおう》がコンテナの荷扱《にあつか》いをするホーム。写真《しゃしん》の中央《ちゅうおう》、下方向《したほうこう》にある地下《ちか》へもぐる線路《せんろ》は、東《とう》京《きょう》貨物《かもつ》ターミナル駅《えき》へ通《つう》じている。

2022年《ねん》6月《がつ》28日《にち》撮影《さつえい》。

横浜駅《よこはまえき》 ➡ 98ページ

JR横浜駅《よこはまえき》（西区《にしく》）を北西方向《ほくせいほうこう》から撮影《さつえい》。右手前《みぎてまえ》に「髙島屋《たかしまや》」、真《ま》ん中《なか》の奥《おく》には「そごう」が見《み》える。写真右側《しゃしんみぎがわ》の帷子川《かたびらがわ》にかかっている線路《せんろ》は、京急《けいきゅう》本線《ほんせん》と京浜東北線《けいひんとうほくせん》。鉄道《てつどう》が開通《かいつう》した約《やく》150年前《ねんまえ》、このあたりは海《うみ》だった。

2021年《ねん》7月《がつ》12日撮影《にちさつえい》。

横須賀港《よこすかこう》 ➡ 144ページ

東京湾側《とうきょうわんがわ》から見《み》た横須賀港《よこすかこう》。写真《しゃしん》左右《さゆう》の手前《てまえ》はアメリカ軍基地《ぐんきち》で、海上自衛《かいじょうじえい》隊《たい》が海岸線《かいがんせん》に沿《そ》ってある。写真《しゃしん》の手前《てまえ》は、アメリカの空母《くうぼ》「ロナルド・レーガン」が試験航海《しけんこうかい》に出《で》るところ。

2023年《ねん》5月《がつ》12日撮影《にちさつえい》。

宮《みや》ヶ《が》瀬《せ》ダム ➡ 138ページ

丹沢山地《たんざわさんち》（相模原市《さがみはらし》、愛川町《あいかわまち》、清川村《きよかわむら》）にある重力式《じゅうりょくしき》コンクリートダム。神奈川《かながわ》県内《けんない》の水道水《すいどうすい》の約《やく》2割《わり》が、このダムから送《おく》られている。空気《くうき》の澄《す》んだ冬《ふゆ》、遠《とお》く富士山《ふじさん》がくっきりと見《み》える。

2021年《ねん》11月《がつ》19日撮影《にちさつえい》。

芦《あし》ノ湖《こ》 ➡ 26ページ

箱根《はこね》の火山活動《かざんかつどう》でできた芦《あし》ノ湖《こ》（箱根町《はこねまち》）を西《にし》から撮影《さつえい》。芦《あし》ノ湖《こ》スカイラインの湖尻峠《こじりとうげ》付近《ふきん》を手前《てまえ》に、後《うし》ろで煙《けむり》を上《あ》げているのは冠ヶ岳《かんむりがたけ》の斜面《しゃめん》にある大涌谷《おおわくだに》。その左手前《ひだりてまえ》は仙石原《せんごくはら》、右《みぎ》は箱根《はこね》でもっとも高《たか》い神山《かみやま》。

2022年《ねん》11月《がつ》25日撮影《にちさつえい》。

鎌倉市《かまくらし》→ 36.56.58 ページ

鶴岡八幡宮《つるがおかはちまんぐう》の北側上空《きたがわじょうくう》から海《うみ》の方向《ほうこう》を見《み》ながら撮影《さつえい》。
鶴岡八幡宮《つるがおかはちまんぐう》の参道《さんどう》・若宮大路《わかみやおおじ》が、由比ヶ浜《ゆいがはま》（海《うみ》）からまっすぐ手前《てまえ》に向《む》かっている。鎌倉駅《かまくらえき》は写真右上《しゃしんみぎうえ》。

2017年《ねん》4月《がつ》30日撮影《にちさつえい》。

キャラクター紹介《しょうかい》

本書《ほんしょ》では、神奈川県《かながわけん》に関係《かんけい》するキャラクターが、不思議《ふしぎ》のヒントや知《し》っておきたいポイントを教《おし》えてくれます。どこに登場《とうじょう》するか探《さが》してみてね！

探《たん》県《けん》くん

「社会《しゃかい》」が大好《だいす》きな男《おとこ》の子《こ》。歴史《れきし》や、地理《ちり》はもちろん、鉄道《てつどう》や地域《ちいき》の産業《さんぎょう》と文化《ぶんか》にも興味《きょうみ》がいっぱい。今回《こんかい》は、神奈川県《かながわけん》にまつわる不思議《ふしぎ》を探《さぐ》っていくよ。

ランドマーくん

横浜市西区《よこはましにしく》「みなとみらい 21 地区《ちく》」でみんなを見《み》ている。地上《ちじょう》70 階建《かいだ》て、高《たか》さは約《やく》300m。

にっぽん丸《まる》

昭和時代《しょうわじだい》につくられた大型船《おおがたせん》。たくさんの航海《こうかい》を経験《けいけん》していて、海《うみ》の知識《ちしき》はナンバー1。

モッくん

海沿《うみぞ》いにある工業地帯《こうぎょうちたい》。もくもく煙《けむり》を出《だ》しているけど環境《かんきょう》はとっても大切《たいせつ》にしているよ。

えのしマン

みんなに大人気《だいにんき》の小《ち》いさな島《しま》。頭《あたま》のテッペンにある灯台《とうだい》でみんなを照《て》らしてくれる。

カモメさん

神奈川県《かながわけん》の鳥《とり》。地形《ちけい》や鉄道《てつどう》の線路《せんろ》、道路《どうろ》、人《ひと》の暮《く》らしなどを空《そら》から見《み》るのが大好《だいす》き！

カザン

最近《さいきん》はずっと大噴火《だいふんか》をしていないけれど、今《いま》も煙《けむり》を上《あ》げる活火山《かっかざん》。温泉《おんせん》も沸《わ》かしてくれる。

だいぶつさま

歴史《れきし》の町《まち》・鎌倉《かまくら》のシンボル。人《ひと》の悪《わる》い行《おこな》いは何《なん》でもお見通《みとお》し！ いざというときには動《うご》く!?

ブッシー

源《みなもとの》 頼朝《よりとも》や北条早雲《ほうじょうそううん》など有名大名《ゆうめいだいみょう》はもちろん、歴史《れきし》のことなら何《なん》でも知《し》っている歴史《れきし》ツウ。

クロフネ・ペリー

江戸時代《えどじだい》の末期《まっき》、遠《とお》いアメリカから黒《くろ》い船《ふね》でやってきた。彼《かれ》がきっかけで横浜《よこはま》が開港《かいこう》の地《ち》になる。

金《きん》太《た》郎《ろう》さん

動物《どうぶつ》と遊《あそ》んだことで力《ちから》をつけ、悪《わる》い鬼《おに》を退治《たいじ》。南足柄市《みなみあしがらし》がふる里《さと》というけどはっきりしない。

シュー舞《まい》

駅《えき》で売《う》っているお弁当《べんとう》から横浜中華街《よこはまちゅうかがい》まで、しゅうまいのことならこの人《ひと》に聞《き》こう！

エスエル

石炭《せきたん》を燃料《ねんりょう》に走《はし》る蒸気機関車《じょうききかんしゃ》。日本《にほん》で初《はじ》めての鉄道《てつどう》で、その当時《とうじ》は新橋《しんばし》～横浜《よこはま》を走《はし》った。

ロマンス

小田急線《おだきゅうせん》の 3000 形《がた》 SE《エスイー》。1992（平成《へいせい》4）年《ねん》に引退《いんたい》したロマンスカーの超人気車両《ちょうにんきしゃりょう》だ。

エノデン

昭和時代《しょうわじだい》につくられた 300 形《がた》。今《いま》も現役《げんえき》で、地域住民《ちいきじゅうみん》やたくさんの観光客《かんこうきゃく》を乗《の》せている。

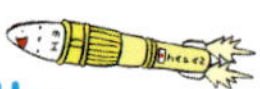

エイチスリー

新型《しんがた》の液体燃料《えきたいねんりょう》ロケット。JAXA《ジャクサ》相模原《さがみはら》キャンパス（相模原市《さがみはらし》）にときどきやってくる？

みさきのにぎり

神奈川《かながわ》でマグロといえば三浦市《みうらし》の三崎港《みさきこう》。おいしい魚介類《ぎょかいるい》の仲間《なかま》と観光客《かんこうきゃく》を待《ま》っている。

だいこんのみうら

三浦半島特産《みうらはんとうとくさん》のまっ白《しろ》い大根《だいこん》。青首大根《あおくびだいこん》にちょっと押《お》され気味《ぎみ》だけど今《いま》も人気《にんき》は根強《ねづよ》い。

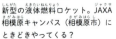

はじめに

神奈川《かながわ》を探県《たんけん》しよう！

神奈川県《かながわけん》ってどんな県《けん》でしょう。

あなたはどう答《こた》えますか。


「東京都《とうきょうと》と山梨県《やまなしけん》、静岡県《しずおかけん》と接《せっ》する県《けん》だよ」

「人口《じんこう》は900万人《まんにん》を超《こ》えて、東京都《とうきょうと》に次《つ》いで全国《ぜんこく》2位《い》だよ」

「しゅうまいがおいしいよ」

「三方《さんぽう》を山《やま》で囲《かこ》まれた鎌倉《かまくら》は、昔《むかし》、鎌倉幕府《かまくらばくふ》があったところだよ。源 頼朝《みなもとのよりとも》は有名《ゆうめい》だよ」

「小田原城《おだわらじょう》は県民《けんみん》の力《ちから》で今《いま》でも大切《たいせつ》に保存《ほぞん》されているよ」

「箱根《はこね》の温泉《おんせん》は神奈川県《かながわけん》の宝《たから》だよ。芦《あし》ノ湖《こ》や火山《かざん》は美《うつく》しく人気《にんき》の観《かん》光地《こうち》になっているよ」

「お土産《みやげ》には、鎌倉彫《かまくらぼり》や箱根寄木細工《はこねよせぎざいく》などの伝統工芸品《でんとうこうげいひん》がおすすめだよ」

「横浜《よこはま》の港《みなと》には世界《せかい》の船《ふね》がくるよ。みなとみらい21地区《ちく》にある帆船《はんせん》日本丸《にっぽんまる》には、誰《だれ》でも乗船《じょうせん》できるよ」

「日本《にほん》で初《はじ》めて走《はし》った蒸気機関車《じょうききかんしゃ》の線路《せんろ》の跡《あと》が残《のこ》っているよ」


人口《じんこう》や地形《ちけい》などの地理《ちり》の内容《ないよう》から、昔《むかし》はどのようになっていたかなど歴史的《れきしてき》な見方《みかた》から、鉄道《てつどう》や産業《さんぎょう》や文化《ぶんか》の様子《ようす》から、などなど、いろいろな見方《みかた》で神奈川県《かながわけん》の様子《ようす》を語《かた》ることができますね。

神奈川《かながわ》を探県《たんけん》（探検《たんけん》）することで、多《おお》くのことを発県《はっけん》（発見《はっけん》）します。多《おお》くのことを発県《はっけん》すると、もっとくわしく調《しら》べてみたくなります。知《し》らない自分《じぶん》をほっと県状態《けんじょうたい》になります。「探県《たんけん》、発県《はっけん》、ほっと県《けん》」です。

ほっと県《けん》となれば、神奈川《かながわ》をもっとくわしく知《し》りたい、もっとよい神奈川《かながわ》にしたいと探究活動《たんきゅうかつどう》が始《はじ》まります。

この本《ほん》を手《て》に、神奈川《かながわ》の探県《たんけん》、発県《はっけん》、ほっと県《けん》を楽《たの》しんでください。

梅澤真一《うめざわしんいち》

山《やま》の多《おお》さに思《おも》わずびっくり!?

神奈川県《かながわけん》の立体地図《りったいちず》

土地《とち》が低《ひく》いところは青《あお》や緑《みどり》、高《たか》くなるにつれて黄色《きいろ》、オレンジ色《いろ》、赤色《あかいろ》になるように色《いろ》をつけた立体地図《りったいちず》。山《やま》や谷《たに》の多《おお》さに驚《おどろ》いた人《ひと》もいることでしょう。神奈川県《かながわけん》は、東《ひがし》に東京湾《とうきょうわん》、南《みなみ》に相模湾《さがみわん》という海《うみ》が広《ひろ》がっていて、北《きた》には丹沢山地《たんざわさんち》、西《にし》には箱根《はこね》火山《かざん》という険《けわ》しい山《やま》があります。広《ひろ》い平地《へいち》をつくって流《なが》れているのは相模川《さがみがわ》や酒匂《さかわ》川《がわ》です。神奈川県《かながわけん》は、横浜《よこはま》のような都市《とし》の魅力《みりょく》に加《くわ》えて大自然《だいしぜん》もいっぱいです！

地図制作：菊地博泰

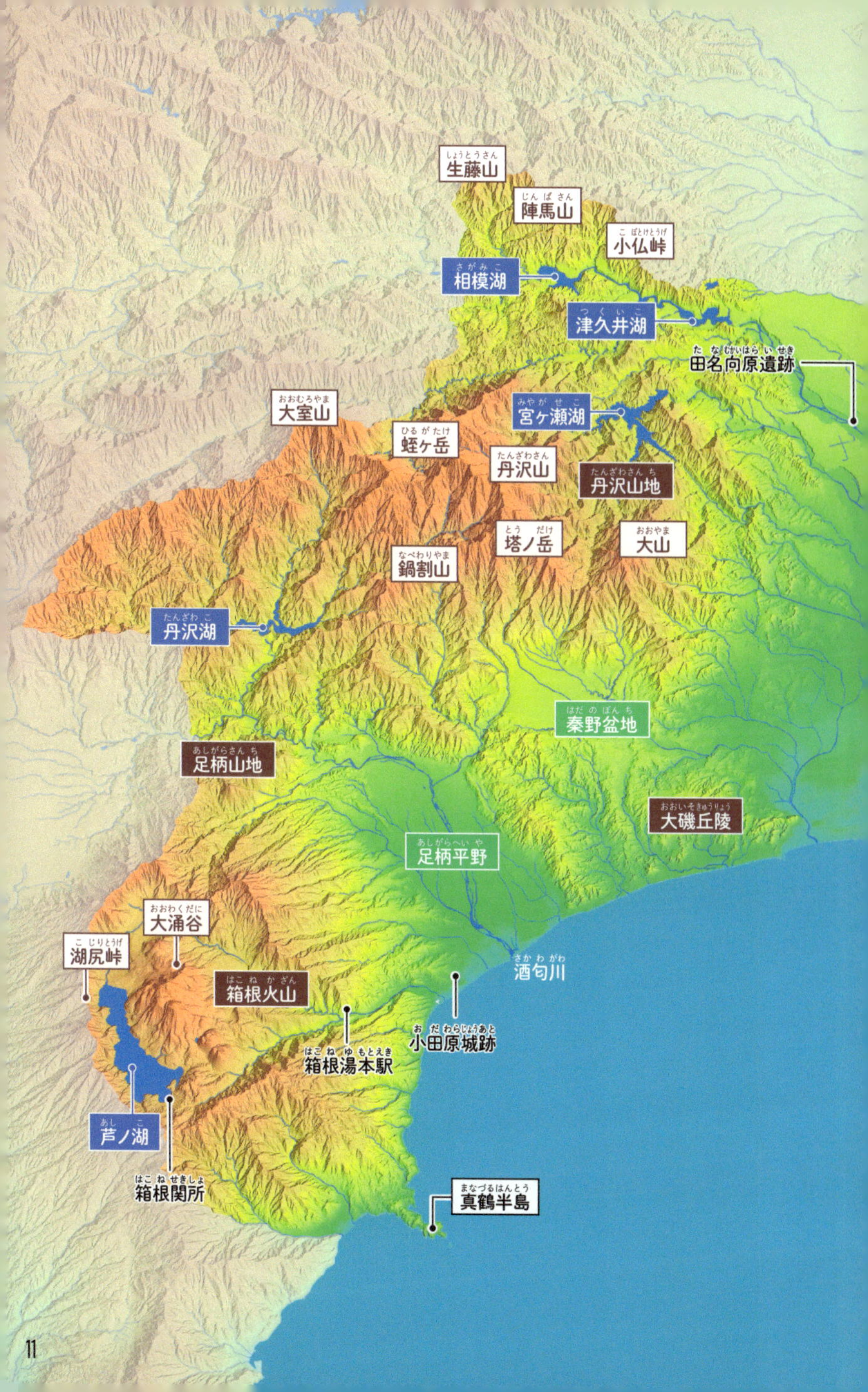
生藤山《しょうとうさん》
陣馬山《じんばさん》
小仏峠《こぼとけとうげ》
相模湖《さがみこ》
津久井湖《つくいこ》
田名向原遺跡《たなむかいはらいせき》
大室山《おおむろやま》
蛭ヶ岳《ひるがたけ》
宮ヶ瀬湖《みやがせこ》
丹沢山《たんざわさん》
丹沢山地《たんざわさんち》
塔《とう》ノ岳《だけ》
大山《おおやま》
鍋割山《なべわりやま》
丹沢湖《たんざわこ》
秦野盆地《はだのぼんち》
足柄山地《あしがらさんち》
大磯丘陵《おおいそきゅうりょう》
足柄平野《あしがらへいや》
大涌谷《おおわくだに》
湖尻峠《こじりとうげ》
酒匂川《さかわがわ》
箱根火山《はこねかざん》
小田原城跡《おだわらじょうあと》
箱根湯本駅《はこねゆもとえき》
芦《あし》ノ湖《こ》
箱根関所《はこねせきしょ》
真鶴半島《まなづるはんとう》

知《し》っているようでわからないことがいっぱい！

神奈川県《かながわけん》ってどんなところ？

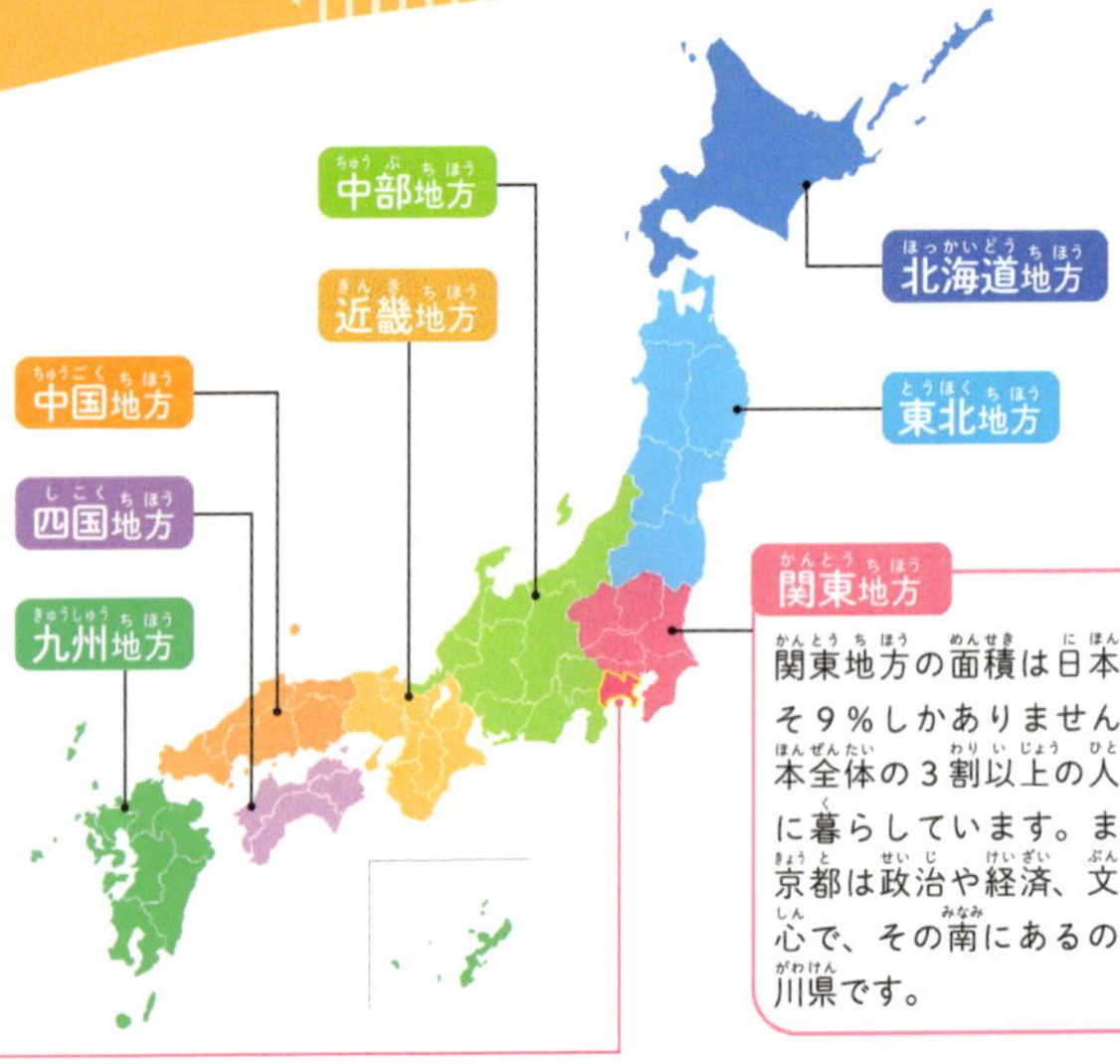

関東地方《かんとうちほう》

関東地方《かんとうちほう》の面積《めんせき》は日本《にほん》のおよそ９％しかありませんが、日本全体《にほんぜんたい》の３割以上《わりいじょう》の人《ひと》がここに暮《く》らしています。また、東京都《とうきょうと》は政治《せいじ》や経済《けいざい》、文化《ぶんか》の中心《ちゅうしん》で、その南《みなみ》にあるのが神奈川県《かながわけん》です。

神奈川《かながわ》の全国《ぜんこく》ナンバー1

しゅうまいの支出金額《ししゅつきんがく》　2428円《えん》
※県庁所在地の１世帯あたり年間、2021～2023年の平均

ワインの生産量《せいさんりょう》　2337万《まん》9000リットル
※2022年

日《に》本《ほん》には47の都道府県《とどうふけん》があって、北海道《ほっかいどう》、東北《とうほく》、関東《かんとう》、中部《ちゅうぶ》、近畿《きんき》、中国《ちゅうごく》、四国《しこく》、九州《きゅうしゅう》の8地方《ちほう》に分《わ》かれています。神奈川県《かながわけん》がある関東地方《かんとうちほう》には、東京都《とうきょうと》など6都県《とけん》が含《ふく》まれます。さらに神奈川県《かながわけん》は、**33の市町村《しちょうそん》**に分《わ》かれていて、県庁所在地《けんちょうしょざいち》で県《けん》の中心地《ちゅうしんち》・横浜《よこはま》市《し》、京浜工業地帯《けいひんこうぎょうちたい》が有名《ゆうめい》な川崎市《かわさきし》、自然環境《しぜんかんきょう》が抜群《ばつぐん》の相模原市《さがみはらし》という大《おお》きな3市《し》（政令指《せいれいし》定都市《ていとし》）には**合計《ごうけい》で28の区《く》**があります。

県《けん》の面積《めんせき》は全国《ぜんこく》で43位《い》と小《ちい》さいですが、**人《じん》口《こう》は約《やく》923万人《まんにん》**。大阪府《おおさかふ》よりも多《おお》く、東《とう》京都《きょうと》に次《つ》ぐ2位《い》です。なかでも横浜市《よこはまし》は約《やく》378万人《まんにん》と、全国《ぜんこく》の市町村《しちょうそん》で堂々《どうどう》の1位《い》。県民《けんみん》の4割以上《わりいじょう》が暮《く》らしています。そうそう、神奈川県《かながわけん》の全国《ぜんこく》1位《い》といえば、食《た》べ物《もの》の**しゅうまい**の購入金額《こうにゅうきんがく》。全国的《ぜんこくてき》に有名《ゆうめい》なメーカーのお弁当《べんとう》、みんなも知《し》っていますね。

神奈川《かながわ》の魅力《みりょく》は大都市《だいとし》だけではありませ

神奈川県地図《かながわけんちず》

※政令指定都市は色文字で記している。

ん。武士《ぶし》の町《まち》・**鎌倉《かまくら》**や**小田原《おだわら》**、海《うみ》の幸《さち》がいっぱいの**海岸《かいがん》エリア**、温泉《おんせん》や芦《あし》ノ湖《こ》など観光《かんこう》の町《まち》・**箱根《はこね》**、県《けん》の北西部《ほくせいぶ》には登山《とざん》も楽《たの》しめる**丹沢山地《たんざわさんち》**があります。都会《とかい》と大自然《だいしぜん》が近《ちか》くにあるのが、神奈川県《かながわけん》の最大《さいだい》の魅力《みりょく》かもしれません。

神奈川県《かながわけん》の基本《きほん》データ

項目《こうもく》	データ	全国順位《ぜんこくじゅんい》
人口《じんこう》	923万《まん》2000人《にん》	2
人口密度《じんこうみつど》	3821人《にん》/㎢	3
面積《めんせき》	2416.33㎢	43
工業製品出荷額等《こうぎょうせいひんしゅっかがくとう》	17兆《ちょう》7461億《おく》3863万円《まんえん》	2
河川《かせん》の数《かず》	113	―
県庁所在地《けんちょうしょざいち》	横浜市《よこはまし》（中区《なかく》）	―
県《けん》の花《はな》	ヤマユリ	―
県《けん》の木《き》	イチョウ	―
県《けん》の鳥《とり》	カモメ	―

※人口等は e-Stat（総務省による 2022 年度のデータ）、面積は国土交通省による 2024（令和 6）年 1 月 1 日時点、製造品出荷額等は 2020 年工業統計調査（経済産業省）を参照。

データでわかる！

神奈川県《かながわけん》 何《なん》でもランキング

基本《きほん》データ編《へん》

神奈川県《かながわけん》は2020（令和《れいわ》2）年《ねん》まで人口《じんこう》が増《ふ》え続《つづ》けていた県《けん》で、「開港《かいこう》の地《ち》」とあって歴史的《れきしてき》に外国人居住者《がいこくじんきょじゅうしゃ》も多《おお》い地域《ちいき》です。基本《きほん》データ編《へん》では、人口関連《じんこうかんれん》を中心《ちゅうしん》に市区町村別《しくちょうそんべつ》ランキングを発表《はっぴょう》します！

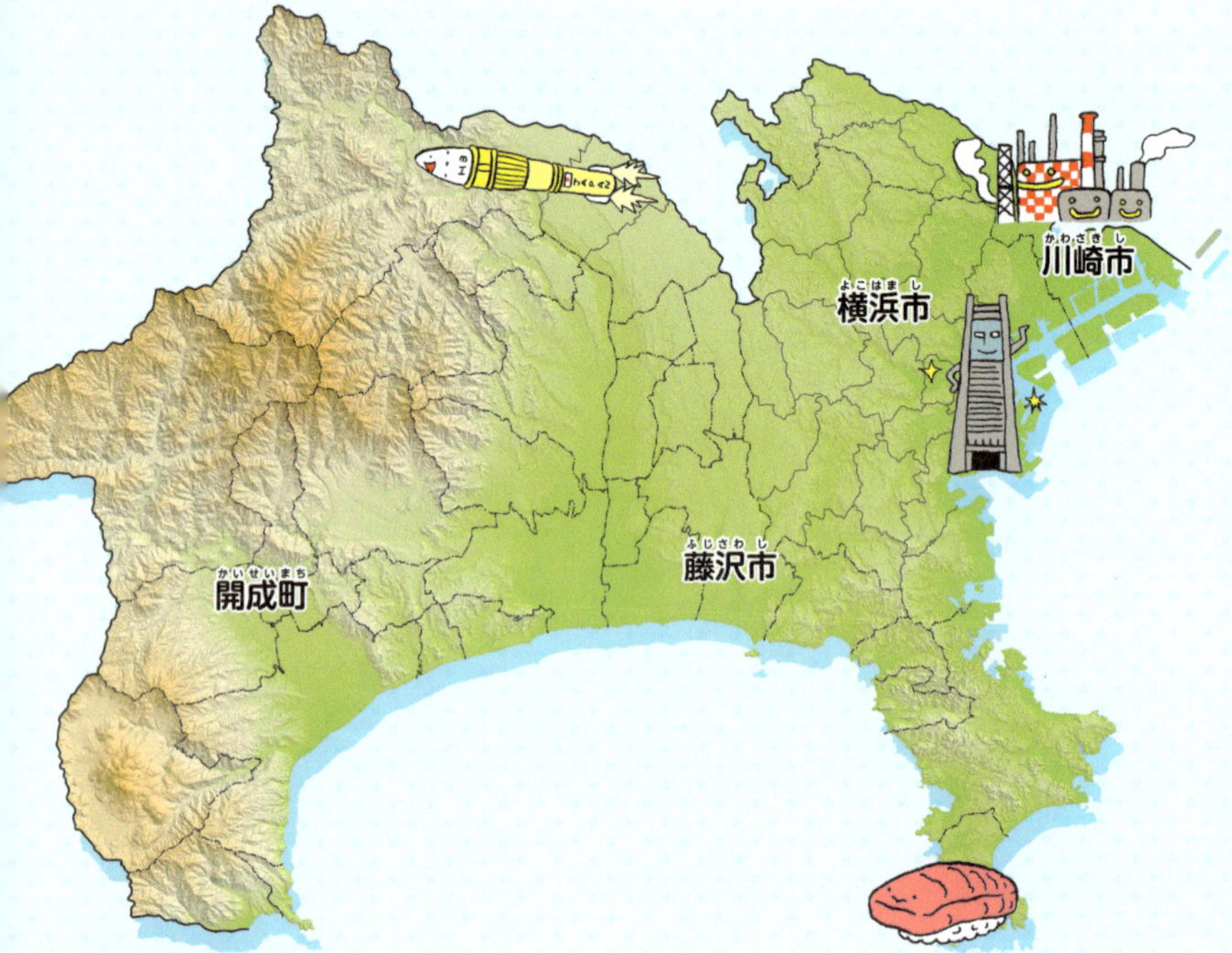

住《す》んでいる外国人《がいこくじん》

外国人《がいこくじん》が増《ふ》えてきた？

（人口10万人あたり）

1位《い》	横浜市中区《よこはましなかく》	8394人《にん》
2位《い》	愛川町《あいかわまち》	7100人《にん》
3位《い》	川崎市川崎区《かわさきしかわさきく》	5637人《にん》

出典：総務省「令和２年国勢調査」

開港《かいこう》の地《ち》・横浜市《よこはまし》には昔《むかし》から外国人居留地《がいこくじんきょりゅうち》がありました。なかでも中心地《ちゅうしんち》の中区《なかく》には、アジアでもっとも古《ふる》いインターナショナルスクールがあります。当然《とうぜん》の１位《い》ですね。２位《い》の愛川町《あいかわまち》は、住民《じゅうみん》の12人《にん》にひとりが外国人《がいこくじん》というから驚《おどろ》きです。近《ちか》くにある「神奈川県内陸工業団地《かながわけんないりくこうぎょうだんち》」で働《はたら》く人《ひと》が多《おお》いようです。

平均寿命《へいきんじゅみょう》　お年寄《としよ》りにやさしい町《まち》が多《おお》い？

男性《だんせい》

1位《い》	川崎市麻生区《かわさきしあさおく》	84.0歳《さい》
2位《い》	横浜市青葉区《よこはましあおばく》	83.9歳《さい》
3位《い》	鎌倉市《かまくらし》	83.3歳《さい》

女性《じょせい》

1位《い》	川崎市麻生区《かわさきしあさおく》	89.2歳《さい》
2位《い》	横浜市青葉区《よこはましあおばく》	88.8歳《さい》
3位《い》	横浜市都筑区《よこはましつづきく》	88.7歳《さい》

出典：厚生労働省「令和２年市区町村別生命表の概況」

市区町村別《しくちょうそんべつ》の長生《ながい》きランキングでは、男女《だんじょ》とも川崎市麻生区《かわさきしあさおく》がトップに。しかも麻生区《あさおく》は、全国《ぜんこく》の市区町村《しくちょうそん》でも１位《い》を記録《きろく》。1978（昭和《しょうわ》53）年以降《ねんいこう》、区《く》は住民《じゅうみん》の「健康《けんこう》づくり政策《せいさく》」に力《ちから》を入《い》れてきましたが、その積《つ》み重《かさ》ねが長寿《ちょうじゅ》の秘《ひ》けつかもしれません。２位《い》は男女《だんじょ》とも横浜市青葉区《よこはましあおばく》ですが、男性《だんせい》の83.9歳《さい》は全国《ぜんこく》でも２位《い》（女性《じょせい》は13位《い》）。さらに、男性《だんせい》が83.3歳《さい》で３位《い》の鎌倉市《かまくらし》は全国《ぜんこく》６位《い》。このように、神奈川県《かながわけん》には長生《ながい》き市区町村《しくちょうそん》が多《おお》いんです！

人口《じんこう》の増加《ぞうか》　人《ひと》がどれだけ増《ふ》えた？

（2015年と2020年の比較）

1位《い》	開成町《かいせいまち》	7.74%
2位《い》	川崎市中原区《かわさきしなかはらく》	6.53%
3位《い》	横浜市西区《よこはましにしく》	6.50%

出典：総務省「令和２年国勢調査」

2015（平成《へいせい》27）年《ねん》からの５年間《ねんかん》で、市区町村別《しくちょうそんべつ》で一番人口《いちばんじんこう》が増《ふ》えたのは開成町《かいせいまち》。何《なん》と開成《かいせい》町《まち》は、町《まち》ができた1955（昭和《しょうわ》30）年以来《ねんいらい》ずっと人口《じんこう》が増《ふ》えています。1985（昭和《しょうわ》60）年《ねん》に小田急線開成駅《おだきゅうせんかいせいえき》ができて、2019（平成《へいせい》31）年《ねん》には快速急行《かいそくきゅうこう》と急行《きゅうこう》が停車《ていしゃ》するようになったこと、企業誘致《きぎょうゆうち》や熱心《ねっしん》な「子育《こそだ》て支援《しえん》」がその理由《りゆう》といえそうです。

交通事故《こうつうじこ》　ルールは守《まも》りましょう！

1位《い》	藤沢市《ふじさわし》	1155件《けん》
2位《い》	横須賀市《よこすかし》	1130件《けん》
3位《い》	相模原市南区《さがみはらしみなみく》	791件《けん》

出典：神奈川県「交通事故統計」（2023年12月末）

県内《けんない》で2023（令和《れいわ》５）年《ねん》に起《お》きた交通事故《こうつうじこ》は２万《まん》1870件《けん》（死亡事故《しぼうじこ》は115件《けん》）もありました。市区町村別《しくちょうそんべつ》でもっとも多《おお》かったのは藤沢市《ふじさわし》。自動車《じどうしゃ》やバイクをもつ人《ひと》が多《おお》いこと、国道《こくどう》１号《ごう》など市《し》を通過《つうか》する車《くるま》の量《りょう》が多《おお》い大《おお》きな道路《どうろ》があることなどが理由《りゆう》といえますが、多《おお》くの事故《じこ》の原因《げんいん》は交通《こうつう》ルール違反《いはん》です。２番目《ばんめ》に多《おお》い横須賀市《よこすかし》も含《ふく》めて、バイク事故《じこ》が多《おお》いのも特徴《とくちょう》です。

人口《じんこう》　どれだけ人《ひと》が住《す》んでいる？

（３つの政令指定都市を除く）

1位《い》	藤沢市《ふじさわし》	43万《まん》6905人《にん》
2位《い》	横須賀市《よこすかし》	38万《まん》8078人《にん》
3位《い》	横浜市港北区《よこはましこうほくく》	35万《まん》8530人《にん》

出典：総務省「令和２年国勢調査」

神奈川県《かながわけん》で人口《じんこう》がもっとも多《おお》いのは、もちろん横《よこ》浜市《はまし》で377万人《まんにん》を超《こ》えています。次《つぎ》が153万人《まんにん》を超《こ》える川崎市《かわさきし》、その次《つぎ》が72万人《まんにん》を超《こ》える相模原《さがみはら》市《し》。この大《おお》きな３市《し》（政令指定都市《せいれいしていとし》）を除《のぞ》いて市《し》区町村《くちょうそん》の人口《じんこう》を見《み》てみると、一番多《いちばんおお》いのは藤沢市《ふじさわし》です。企業《きぎょう》も多《おお》く、イメージがよい「湘南《しょうなん》エリア」にある藤沢市《ふじさわし》には、ほかの地域《ちいき》からの移住者《いじゅうしゃ》も多《おお》いようです。

データでわかる！

神奈川県《かながわけん》 何《なん》でもランキング

おもしろランキング編《へん》

神奈川県《かながわけん》のさまざまな情報《じょうほう》をもとに、おもしろランキングを発表《はっぴょう》。人気《にんき》の観光《かんこう》地《ち》、家《いえ》の広《ひろ》さや混《こ》みすぎる駅《えき》など、ちょっと変《か》わったデータを集《あつ》めてみました。

農業産出額《のうぎょうさんしゅつがく》

横浜《よこはま》では農業《のうぎょう》も盛《さか》ん!?

1位《い》	横浜市《よこはまし》	121億《おく》2000万円《まんえん》
2位《い》	三浦市《みうらし》	98億《おく》2000万円《まんえん》
3位《い》	藤沢市《ふじさわし》	58億《おく》1000万円《まんえん》

出典：農林水産省「市町村別農業産出額（推計）」

神奈川県《かながわけん》では農業《のうぎょう》も盛《さか》んです。市町村別《しちょうそんべつ》では……あらびっくり、大都市《だいとし》の横浜市《よこはまし》が１位《い》。横浜市《よこはまし》は県《けん》の市町村《しちょうそん》で一番《いちばん》広《ひろ》く、じつは７％ほどが農地《のうち》。畑《はたけ》は瀬谷《せや》区《く》から泉区《いずみく》西部《せいぶ》の台地《だいち》などに広《ひろ》がっています。つくる人《ひと》と食《た》べる人《ひと》が近《ちか》くにいる、地産地消《ちさんちしょう》のブランド野菜《やさい》も人気《にんき》です。２位《い》の三浦市《みうらし》は、農作物《のうさくぶつ》に向《む》く温暖《おんだん》な気候《きこう》と豊《ゆた》かな土《つち》があり、だいこん、キャベツ、すいかなどが有名《ゆうめい》です。

家《いえ》の広《ひろ》さ

広《ひろ》い家《いえ》でゆったり暮《く》らす！

（１軒あたりの延べ床面積）

1位《い》	葉山町《はやままち》	112.91㎡
2位《い》	南足柄市《みなみあしがらし》	110.74㎡
3位《い》	大井町《おおいまち》	107.19㎡

出典：国土交通省「住宅・土地統計調査（2018年）」

横浜市《よこはまし》や川崎市《かわさきし》の再開発《さいかいはつ》エリアには、タワーマンションが数多《かずおお》くできています。大人《おとな》が働《はたら》くところは近《ちか》いし便《べん》利《り》な場所《ばしょ》ですが、家《いえ》の広《ひろ》さではほかのエリアにかないません。１位《い》の葉山町《はやままち》は古《ふる》くから人気《にんき》の別荘地《べっそうち》で、有《ゆう》名人《めいじん》など裕福《ゆうふく》な世帯《せたい》が多《おお》く、家《いえ》の面積《めんせき》も広《ひろ》いようです。２位《い》の南足柄市《みなみあしがらし》、３位《い》の大井町《おおいまち》は農業《のうぎょう》が盛《さか》んな地域《ちいき》。産業《さんぎょう》や暮《く》らし方《かた》が家《いえ》の広《ひろ》さに関係《かんけい》しているようです。

観光地《かんこうち》

県外《けんがい》からも人《ひと》がいっぱい！

（施設・地点）

1位《い》	湘南海岸《しょうなんかいがん》・江《え》の島《しま》（藤沢市《ふじさわし》）	1006万《まん》8000人《にん》
2位《い》	鶴岡八幡宮《つるがおかはちまんぐう》（鎌倉市《かまくらし》）	586万《まん》3000人《にん》
3位《い》	山崎《やまざき》（箱根町《はこねまち》）	488万《まん》6000人《にん》

出典：神奈川県「令和４年入込観光客調査」

都市《とし》と自然《しぜん》が近《ちか》くにある神奈川県《かながわけん》には、人気《にんき》の観光地《かんこうち》がたくさんあります。大人気《だいにんき》は「湘南《しょうなん》エリア」で、とくに鉄《てつ》道《どう》でのアクセスもよい「湘南海岸《しょうなんかいがん》・江《え》の島《しま》（藤沢市《ふじさわし》）」が１位《い》。２位《い》が、外国人観光客《がいこくじんかんこうきゃく》も多《おお》い鎌倉市《かまくらし》（鶴岡八幡宮《つるがおかはちまんぐう》）。箱根《はこね》も、山崎《やまざき》という場所《ばしょ》だけでなく周辺《しゅうへん》エリアを含《ふく》めれば、年間《ねんかん》で1000万人《まんにん》規模《きぼ》の観光客《かんこうきゃく》を受《う》け入《い》れています。

鉄道《てつどう》おまけデータ

いつも混《こ》んでいる駅《えき》はどこ!?

JR駅《えき》の乗降客数《じょうこうきゃくすう》（1日平均《にちへいきん》/2022年度《ねんど》）

1位《い》	横浜駅《よこはまえき》	34万《まん》536人《にん》
2位《い》	川崎駅《かわさきえき》	17万《まん》5876人《にん》
3位《い》	武蔵小杉駅《むさしこすぎえき》	9万《まん》9969人《にん》

出典：神奈川県「県勢要覧2023」

県内《けんない》のJR東日本《ひがしにほん》の駅《えき》（新幹線《しんかんせん》の駅《えき》はJR東海《とうかい》）では、横浜駅《よこはまえき》が圧倒的《あっとうてき》な1位《い》。駅周辺《えきしゅうへん》へ通勤通学《つうきんつうがく》する人《ひと》が多《おお》く、乗《の》り換《か》え駅《えき》として利用《りよう》する人《ひと》もとても多《おお》いから当然《とうぜん》です。2位《い》も企業《きぎょう》や学校《がっこう》が多《おお》い川崎駅《かわさきえき》。3位《い》の武蔵小杉駅《むさしこすぎえき》は、近年《きんねん》の再開発《さいかいはつ》で人口《じんこう》がとても増《ふ》えたエリアにあって、南武線《なんぶせん》や横須賀線《よこすかせん》、湘南新宿《しょうなんしんじゅく》ラインなど多《おお》くのJR線《せん》に加《くわ》え、東急東横線《とうきゅうとうよこせん》へ乗《の》り換《か》えできる便利《べんり》さがあります。

京浜急行線駅《けいひんきゅうこうせんえき》の乗降客数《じょうこうきゃくすう》（2022年《ねん》）

1位《い》	横浜駅《よこはまえき》	5011万《まん》2988人《にん》
2位《い》	上大岡駅《かみおおおかえき》	2217万《まん》4086人《にん》
3位《い》	京急川崎《けいきゅうかわさき》	2043万《まん》1932人《にん》

出典：神奈川県「県勢要覧2023」

京浜急行《けいひんきゅうこう》すべての路線《ろせん》で、県内《けんない》ではJR同様《どうよう》、横浜駅《よこはまえき》の利用者《りようしゃ》が圧倒的《あっとうてき》に多《おお》いです。2位《い》の上大岡駅《かみおおおかえき》は市営地下鉄《しえいちかてつ》ブルーラインの乗《の》り換《か》えも可能《かのう》ですが、以前《いぜん》からバスのターミナル駅《えき》として機能《きのう》してきた歴史《れきし》があります。

小田急線駅《おたきゅうせんえき》の乗降客数《じょうこうきゃくすう》（2022年《ねん》）

1位《い》	藤沢駅《ふじさわえき》	2708万《まん》2787人《にん》
2位《い》	登戸駅《のぼりとえき》	2679万《まん》9316人《にん》
3位《い》	海老名駅《えびなえき》	2247万《まん》2553人《にん》

出典：神奈川県「県勢要覧2023」

小田急線《おだきゅうせん》（神奈川県内《かながわけんない》）で乗降客《じょうこうきゃく》が多《おお》い3駅《えき》はすべて、小田急線《おだきゅうせん》とは進行方向《しんこうほうこう》が異《こと》なるほかの私鉄《してつ》やJRの路線《ろせん》への乗《の》り換《か》え駅《えき》という特徴《とくちょう》があります。始発《しはつ》の新宿駅《しんじゅくえき》に近《ちか》い登戸駅《のぼりとえき》以外《いがい》は、小田急《おだきゅう》が誇《ほこ》る特急《とっきゅう》ロマンスカーの停車駅《ていしゃえき》でもあります。

大学進学率《だいがくしんがくりつ》 高校《こうこう》から大学《だいがく》が一般的《いっぱんてき》な町《まち》？

1位《い》	箱根町《はこねまち》	93.9%
2位《い》	横浜市西区《よこはましにしく》	89.1%
3位《い》	横浜市栄区《よこはましさかえく》	84.2%

出典：神奈川県「令和5年度神奈川県学校基本統計」

2023（令和《れいわ》5）年度《ねんど》、神奈川県《かながわけん》の高校卒業者《こうこうそつぎょうしゃ》のうち大学《だいがく》（短期大学《たんきだいがく》など含《ふく》む）へ進学《しんがく》した人《ひと》は68.1%。市区町村別《しくちょうそんべつ》で1位《い》の箱根町《はこねまち》には「箱根教育《はこねきょういく》」という町《まち》の方針《ほうしん》、町営《ちょうえい》の学習塾《がくしゅうじゅく》「箱根土曜塾《はこねどようじゅく》」があります。2位《い》と3位《い》は横浜市《よこはまし》の区《く》。市全体《しぜんたい》としても進学率《しんがくりつ》は71.1%と平均以上《へいきんいじょう》です。

CONTENTS

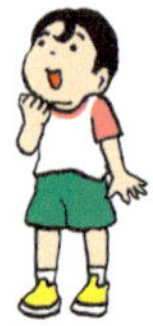

Part 1 神奈川《かながわ》のびっくりな地理《ちり》

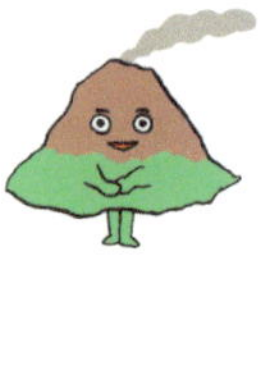

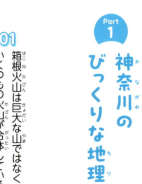

Part 2
神奈川《かながわ》のびっくりな歴史《れきし》

Part 3 神奈川《かながわ》のびっくりな鉄道《てつどう》

Part 4

神奈川《かながわ》のびっくりな産業《さんぎょう》と文化《ぶんか》

Part 1

神《か》奈《な》川《がわ》の びっくりな地《ち》理《り》

箱根《はこね》の火山《かざん》や丹沢山地《たんざわさんち》、三浦半島《みうらはんとう》の
先《さき》っぽにある城ヶ島《じょうがしま》など、
神奈川県《かながわけん》には自然《しぜん》の見《み》どころがいっぱい！
それに加《くわ》えて、横浜《よこはま》や鎌倉《かまくら》にも
不思議《ふしぎ》な地形《ちけい》が隠《かく》れています。
地形《ちけい》や地質《ちしつ》にまつわる謎《なぞ》を探県《たんけん》していきましょう。

01

箱根《はこね》火山《かざん》は巨大《きょだい》な山《やま》ではなくていくつもの火山《かざん》が合体《がったい》している！

山《やま》や湖《みずうみ》のきれいな景色《けしき》や温泉《おんせん》を楽《たの》しめる箱根《はこね》。この人気《にんき》の観光地《かんこうち》をつくったのは、**約《やく》40万年前《まんねんまえ》から何度《なんど》も噴火《ふんか》を繰《く》り返《かえ》してきた箱根《はこね》火山《かざん》**です。箱根《はこね》の**大涌谷《おおわくだに》**では、白《しろ》い煙《けむり》がモクモクと噴《ふ》き出《だ》していて、今《いま》も活発《かっぱつ》な火山《かざん》だとわかります。箱根《はこね》の地下《ちか》の深《ふか》いところには、溶岩《ようがん》のもとになる熱《あつ》いマグマがあります。箱根《はこね》にたくさんの温泉《おんせん》があるのは、その熱《ねつ》のおかげです。

箱根《はこね》の地形《ちけい》を見《み》ると、周《まわ》りをぐるりとドーナツのように山《やま》が囲《かこ》んでいて、内側《うちがわ》がへこんでいます。このような地形《ちけい》を**カルデラ**といいます。そして、そのカルデラのなかに、神山《かみやま》や駒ケ岳《こまがたけ》などの火山《かざん》がいくつかあり、西側《にしがわ》には**芦《あし》ノ湖《こ》**があります。

古《ふる》い研究《けんきゅう》では、ここには昔《むかし》、富士山《ふじさん》のような大《おお》きな火山《かざん》があって、それが噴火《ふんか》などで崩《くず》れてできたと考《かんが》えられていました。ところが、新《あたら》しい研究《けんきゅう》では、大《おお》きな火山《かざん》ではなく、中型《ちゅうがた》や小型《こがた》の火山《かざん》が噴火《ふんか》を繰《く》り返《かえ》していたことがわかりました。つまり、いくつかの火山《かざん》が噴《ふ》き出《だ》した溶岩《ようがん》が合体《がったい》したり、噴火《ふんか》の跡《あと》がへこんだりして、今《いま》の地形《ちけい》になったと考《かんが》えられているのです。

箱根《はこね》火山《かざん》周辺《しゅうへん》の地図《ちず》

国土地理院地図を元に作成

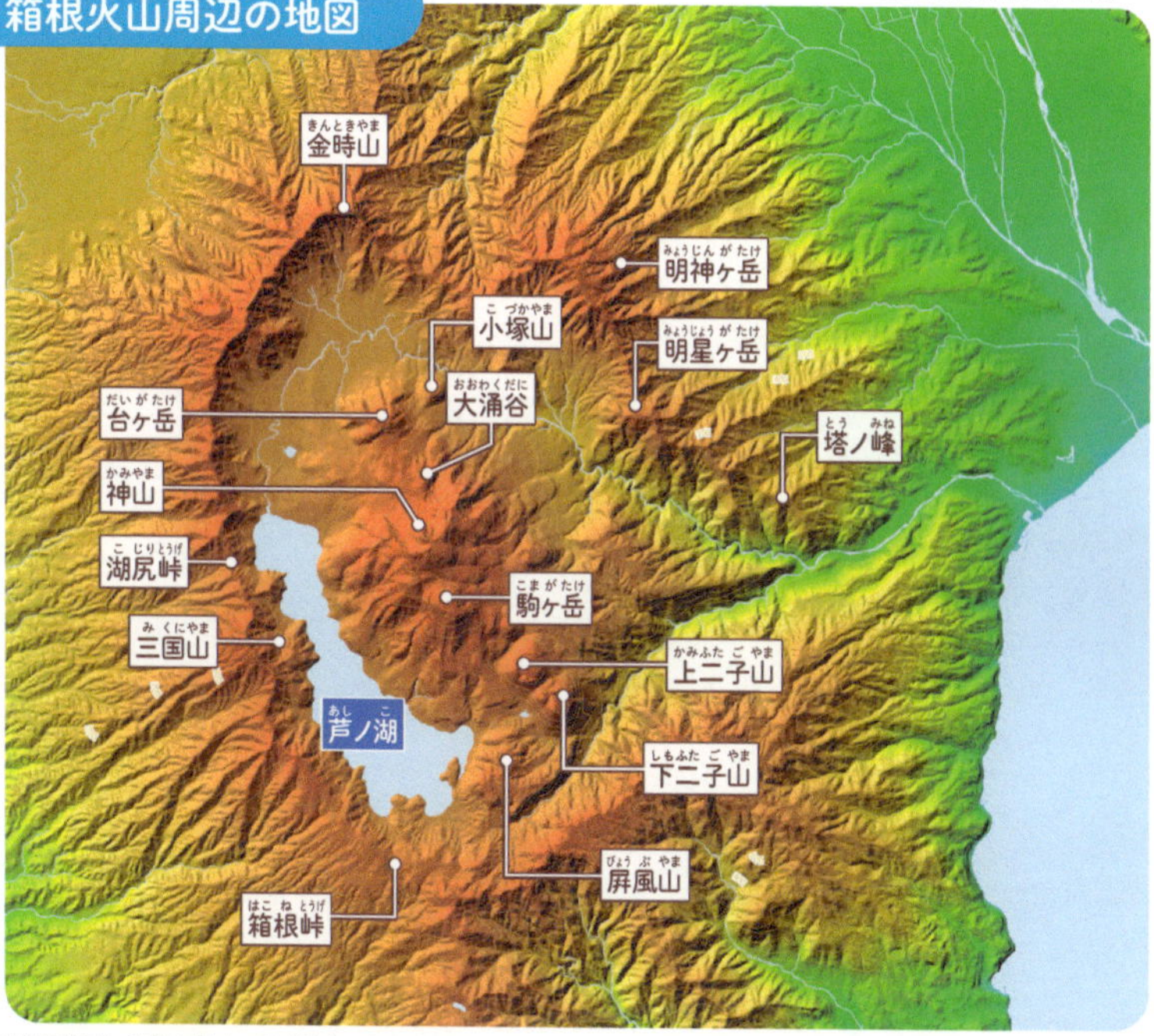

明星《みょうじょう》ヶ《が》岳《たけ》、明神《みょうじん》ヶ《が》岳《たけ》、金時山《きんときやま》、三国山《みくにやま》は、カルデラをぐるりと囲《かこ》む「外輪山《がいりんざん》」と呼《よ》ばれる山々《やまやま》。神山《かみやま》や駒《こま》ヶ《が》岳《たけ》はカルデラのなかで噴火《ふんか》した「中央火口丘《ちゅうおうかこうきゅう》」だ。

大涌谷《おおわくだに》では、箱根《はこね》が火山《かざん》である証拠《しょうこ》に、白《しろ》い煙《けむり》（噴煙《ふんえん》）が上《あ》がっていて、観光地《かんこうち》にもなっている。

豆知識《まめちしき》

箱根火山《はこねかざん》が起《お》こした大噴火《だいふんか》のうち、約《やく》6万《まん》6000年前《ねんまえ》の大噴火《だいふんか》のときに噴《ふ》き出《だ》した軽石《かるいし》や火山灰《かざんばい》がつくった地層《ちそう》は、今《いま》もはっきりと残《のこ》っています。その厚《あつ》さは小田原《おだわら》では4m、東京《とうきょう》でも20㎝もあります。

02

遊覧船《ゆうらんせん》で有名《ゆうめい》な芦《あし》ノ湖《こ》は火山《かざん》が爆発《ばくはつ》して生《う》まれた!?

箱根《はこね》にある芦《あし》ノ湖《こ》は、海賊船《かいぞくせん》（遊覧船《ゆうらんせん》）やボートに乗《の》って遊《あそ》べる有名《ゆうめい》な湖《みずうみ》。ぐるり一周《いっしゅう》すると約《やく》19kmの長《なが》さになり、もっとも深《ふか》いところは、約《やく》40mの深《ふか》さがあります。周《まわ》りを箱根《はこね》の山々《やまやま》に囲《かこ》まれていますが、これらは全部《ぜんぶ》火山《かざん》です。そして、芦《あし》ノ湖《こ》ができたのも、この箱根《はこね》火山《かざん》のおかげなのです。

箱根《はこね》火山《かざん》は約《やく》40万年《まんねん》という長《なが》い歴史《れきし》のなかで、中型《ちゅうがた》や小型《こがた》の火山《かざん》が合体《がったい》したり、噴火《ふんか》の跡《あと》がへこんだりして、鍋《なべ》のようなカルデラという地形《ちけい》をつくりました。

また、山《やま》にしみ込《こ》んだ雨水《あまみず》は、地下《ちか》から湧《わ》き出《だ》す**湧《わ》き水《みず》**になり、その水《みず》が**早川《はやかわ》**という川《かわ》となって、カルデラのなかを流《なが》れるようになりました。

ところが、約《やく》３０００年前《ねんまえ》、カルデラの北《きた》のほうにある**神山《かみやま》で、爆発《ばくはつ》するような噴火《ふんか》**が起《お》こり、神山《かみやま》の半分《はんぶん》が崩《くず》れてしまうことに！　崩《くず》れていった岩《いわ》や土《つち》は、山《やま》の西《にし》に広《ひろ》がる**仙石原《せんごくはら》を流《なが》れていた早川《はやかわ》をふさいで、水《みず》の流《なが》れをじゃま**してしまいました。

そのため、早川《はやかわ》を流《なが》れていた湧《わ》き水《みず》が、カルデラの西側《にしがわ》にあった低《ひく》い土地《とち》に溜《た》まっていき、やがて芦《あし》ノ湖《こ》ができたのです。

芦《あし》ノ湖《こ》の周辺地図《しゅうへんちず》

国土地理院地図を元に作成

神山《かみやま》が大爆発《だいばくはつ》して、仙石《せんごく》原《はら》のほうに崩《くず》れたせいで、昔《むかし》の早川《はやかわ》の水《みず》がせきとめられた。そのため、低《ひく》いところに湧《わ》き水《みず》が溜《た》まって、芦《あし》ノ湖《こ》ができた。赤《あか》い矢印《やじるし》は、崩《くず》れた岩《いわ》が流《なが》れた方向《ほうこう》のイメージ。

南《みなみ》の空《そら》から見《み》た芦《あし》ノ湖《こ》周《しゅう》辺《へん》。芦《あし》ノ湖《こ》は周《まわ》りをぐるっと箱根《はこね》の山《やま》に囲《かこ》まれていて、鍋《なべ》のようなカルデラ地形《ちけい》の底《そこ》にあることがわかる。

芦《あし》ノ湖《こ》は、海賊船《かいぞくせん》のような遊覧船《ゆうらんせん》や、富《ふ》士山《じさん》の眺《なが》めで人気《にんき》。右側《みぎがわ》の赤《あか》い鳥居《とりい》は、奈良時代《ならじだい》から信仰《しんこう》されている箱根神社《はこねじんじゃ》。

豆知識《まめちしき》

芦《あし》ノ湖《こ》は神奈川県《かながわけん》にありますが、その水《みず》は、江戸時代《えどじだい》につくられたトンネルを通《とお》って、静岡県側《しずおかけんがわ》に流《なが》されています。静岡県《しずおかけん》では、水道水《すいどうすい》や、農業《のうぎょう》のための水《みず》のほか、水力発電《すいりょくはつでん》にも使《つか》われています。

03 横浜《よこはま》の坂道《さかみち》だらけの地形《ちけい》は大昔《おおむかし》の海《うみ》でできたもの？

横浜市《よこはまし》をたくさん歩《ある》いたら「坂《さか》が多《おお》いなぁ」と感《かん》じることでしょう。たとえば横浜市鶴見区《よこはましつるみく》、ＪＲ鶴見駅《つるみえき》の西側《にしがわ》には、見返《みかえ》し坂《ざか》、子生坂《こいけざか》、木《き》の芽坂《めざか》、昭和坂《しょうわざか》、幸運坂《こううんざか》、大坂《おおさか》……など本当《ほんとう》にたくさんの坂《さか》があります。上《のぼ》った先《さき》には平《たい》らな台地《だいち》がありますが、そのあたりの下末吉《しもすえよし》という一段高《いちだんたか》い場所《ばしょ》の地名《ちめい》をとって、この台地は**下末吉台地**《しもすえよしだいち》と呼《よ》ばれます。

下末吉台地《しもすえよしだいち》の元《もと》は、約《やく》12万《まん》５０００年前《ねんまえ》にできました。地球温暖化《ちきゅうおんだんか》などが理由《りゆう》で海面《かいめん》が上《あ》がり、海《うみ》は今《いま》よりずっと内陸《ないりく》まで広《ひろ》がっていました。これを**下末吉海進**《しもすえよしかいしん》といって、この時期《じき》に川《かわ》が運《はこ》んできた土砂《どしゃ》が海底《かいてい》で積《つ》もった地層《ちそう》を**下末吉層**《しもすえよしそう》といいます。

その後《ご》、寒《さむ》くなって海面《かいめん》が下《さ》がると、下末吉層《しもすえよしそう》が海《うみ》から顔《かお》を出《だ》します。下末吉台地《しもすえよしだいち》の誕生《たんじょう》です。さらにその後《ご》、**鶴見川**《つるみがわ》**や帷子川**《かたびらがわ》**、大岡川**《おおおかがわ》**などが広**《ひろ》**い台地**《だいち》**を削**《けず》**った**ため、鶴見区《つるみく》だけでなく横浜市《よこはまし》や川崎《かわさき》の一部《いちぶ》に下末吉台地《しもすえよしだいち》は分断《ぶんだん》されて現在《げんざい》の地形《ちけい》ができました。横浜市《よこはまし》や川崎市《かわさきし》には、この細《こま》かく分《わ》けられた台地《だいち》があるため坂道《さかみち》がたくさんあるというわけです。

横浜市《よこはまし》のデジタル標高地形図《ひょうこうちけいず》

丸《まる》で囲《かこ》んでいるエリアがおよそ下末吉台地《しもすえよしだいち》で、周囲《しゅうい》よりも高台《たかだい》になっているのが見《み》てわかる（青《あお》、緑《みどり》、黄色《きいろ》、オレンジ、赤《あか》と地面《じめん》は高《たか》くなっていく）。

国土地理院地図を元に作成

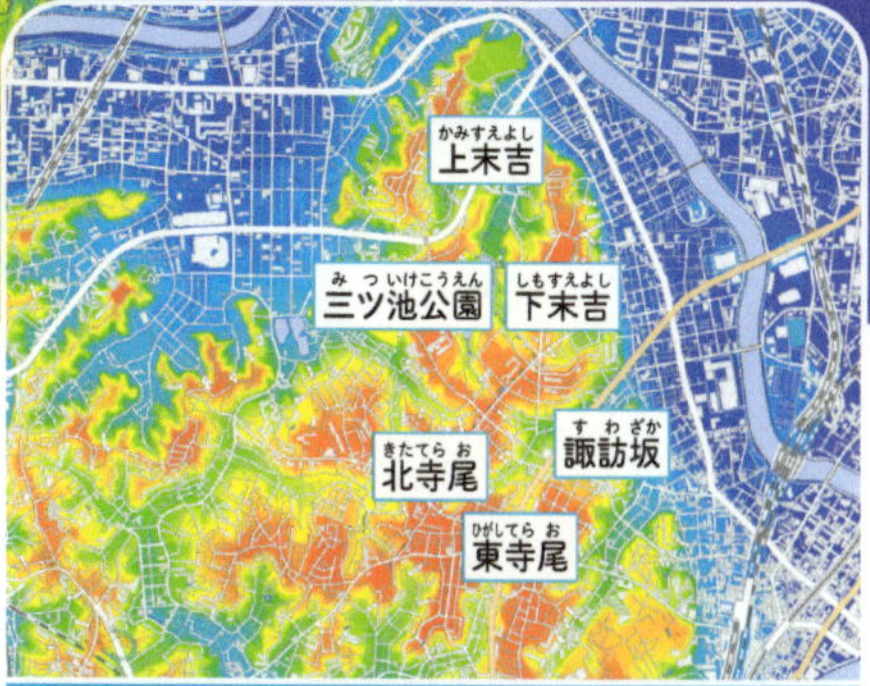

横浜市鶴見区下末吉《よこはましつるみくしもすえよし》エリアの拡大図《かくだいず》

下末吉台地《しもすえよしだいち》にある横浜市鶴見区《よこはましつるみく》の三ツ池《みついけ》エリア。左《ひだり》が三ツ池《みついけ》で、右《みぎ》の住宅街《じゅうたくがい》が高台《たかだい》（台地《だいち》）にあるのがわかる。

JR鶴見駅《つるみえき》の西側《にしがわ》（横浜市鶴見区《よこはましつるみく》）には下末吉台地《しもすえよしだいち》が広《ひろ》がり、諏訪坂《すわざか》や東寺尾《ひがしてらお》、三ツ池《みついけ》などの高級住宅地《こうきゅうじゅうたくち》が築《きず》かれている。台地《だいち》の名前《なまえ》は、ここにある下末吉《しもすえよし》という地名《ちめい》に由来《ゆらい》している。また、枝《えだ》のようにできた谷戸《やと》と呼《よ》ばれる谷《たに》（坂《さか》）も多《おお》くある。

国土地理院地図を元に作成

豆知識《まめちしき》

下末吉台地《しもすえよしだいち》は神奈川県《かながわけん》だけのものではありません。同《おな》じ時期《じき》に同《おな》じように海《うみ》でできた台地《だいち》（下末吉面《しもすえよしめん》という）はほかにもあって、たとえば東京《とうきょう》では、淀橋台《よどばしだい》・荏原台《えばらだい》・田園調布台《でんえんちょうふだい》などが下末吉面《しもすえよしめん》です。

04 険《けわ》しい丹沢山地《たんざわさんち》の正体《しょうたい》は南《みなみ》からやってきた火山《かざん》の島《しま》！

神奈川県《かながわけん》の西《にし》には、高《たか》さが１５００ｍくらいの、険《けわ》しい山《やま》がいくつもそびえていて、**丹沢山地《たんざわさんち》**と呼《よ》ばれています。この丹沢《たんざわ》山地《さんち》は、周《まわ》りの土地《とち》とは、まったく違《ちが》う岩《がん》石《せき》でできています。その理由《りゆう》は、長《なが》い間《あいだ》、大《おお》きな謎《なぞ》でした。ところが、研究《けんきゅう》が進《すす》んだおかげで、丹沢山地《たんざわさんち》はもともと、**南《みなみ》の海《うみ》で約《やく》１７００万年前《まんねんまえ》に噴火《ふんか》を始《はじ》めた火山《かざん》の島《しま》**だったことがわかりました。

なぜ南《みなみ》の島《しま》がここにあるのでしょうか。地球《ちきゅう》の外側《そとがわ》は、**プレート**と呼《よ》ばれる、巨《きょ》大《だい》な岩《いわ》の板《いた》でおおわれています。プレートは十数枚《じゅうすうまい》あって、それぞれが少《すこ》しずつ移動《いどう》しています。日本《にほん》の南《みなみ》には**フィリピン海《かい》プレート**があり、北《きた》に向《む》かって動《うご》いています。南《みなみ》の火山島《かざんとう》だった丹沢《たんざわ》は、このプレートに乗《の》って、長《なが》い時間《じかん》をかけて北《きた》に移動《いどう》。そして約《やく》６００万年前《まんねんまえ》、ついに**日本列島《にほんれっとう》に衝突《しょうとつ》**しました。そのあと、同《おな》じようにプレートに乗《の》って衝突《しょうとつ》してきた**伊豆半島《いずはんとう》**に押《お》されて、さらに高《たか》くそびえるようになったのです。

その証拠《しょうこ》に、丹沢山地《たんざわさんち》では大昔《おおむかし》、南《みなみ》の海《うみ》にすんでいた**貝《かい》の化石《かせき》**や、海《うみ》のなかで噴火《ふんか》してできた**溶岩《ようがん》**が見《み》つかっています。

丹沢山地《たんざわさんち》エリアの標高地図《ひょうこうちず》

国土地理院地図を元に作成

丹沢山地《たんざわさんち》で一番高《いちばんたか》い山《やま》は蛭ヶ岳《ひるがたけ》で、標高《ひょうこう》は 1673 mもある。

たくさんの山《やま》が集《あつ》まっている丹沢山地《たんざわさんち》から、太平洋《たいへいよう》（相模湾《さがみわん》）を見《み》ている。大昔《おおむかし》、遠《とお》い南《みなみ》にある火山《かざん》の島《しま》だった丹沢山地《たんざわさんち》は、地球表面《ちきゅうひょうめん》にあるプレートが動《うご》くことでこの場所《ばしょ》へやってきた。

日本《にほん》の近《ちか》くにあるプレート

日本列島付近《にほんれっとうふきん》には４枚《まい》のプレートがある。このうち丹沢山地《たんざわさんち》は、移動《いどう》するフィリピン海《かい》プレートに乗《の》ってやってきた。

豆知識《まめちしき》

フィリピン海《かい》プレートは、丹沢《たんざわ》や伊豆《いず》を日本列島《にほんれっとう》に衝突《しょうとつ》させたあと、日本列島《にほんれっとう》が乗《の》っているユーラシアプレートの下《した》にもぐり込《こ》んでいます。今《いま》も北《きた》に向《む》かって、１年《ねん》に５～６㎝ずつ移動《いどう》しています。

05

ぐにゃぐにゃやズレなど城ケ島《じょうがしま》には不思議《ふしぎ》な岩《いわ》だらけ！

三浦半島《みうらはんとう》の南《みなみ》に浮《う》かぶ城ケ島《じょうがしま》は、地球科《ちきゅうか》学《がく》を学《まな》べる小《ちい》さな島《しま》として有名《ゆうめい》です。

城ケ島《じょうがしま》のもとになっている岩石《がんせき》は、火山《かざん》から噴《ふ》き出《だ》した火山灰《かざんばい》などが固《かた》まった**凝灰《ぎょうかい》岩《がん》**です。でも、すぐ近《ちか》くに火山《かざん》はありません。これは、丹沢《たんざわ》の山《やま》と同《おな》じように、ずっと南《みなみ》にあった火山《かざん》の島《しま》が、地球表面《ちきゅうひょうめん》にある動《うご》く**プレート**に乗《の》ってきて、日本列島《にほんれっとう》の下《した》へもぐり込《こ》めずにくっついたあと海《うみ》から顔《かお》を出《だ》したものです。

城ケ島《じょうがしま》には、約《やく》１２００万《まん》～４００万《まん》年前《ねんまえ》に深《ふか》い海《うみ》で積《つ》もった**三崎層《みさきそう》**と、約《やく》４００万《まん》～３００万年前《まんねんまえ》に浅《あさ》い海《うみ》に積《つ》もった**初声層《はっせそう》**という地層《ちそう》が見《み》られます。そして島《しま》には、このふたつの地層《ちそう》ができた頃《ころ》から現在《げんざい》までにできた、地層《ちそう》や岩石《がんせき》がずれた跡《あと》である**断層《だんそう》**がたくさんあります。

ほかにも、海底《かいてい》の時代《じだい》に地《じ》すべりを起《お》こした跡《あと》の**スランプ構造《こうぞう》**、「馬《うま》の背《せ》」と呼《よ》ばれる海《うみ》の流《なが》れでできた**海食洞《かいしょくどう》**という穴開《あなあ》き地形《ちけい》、火山灰《かざんばい》が炎《ほのお》のような形《かたち》になった**火炎《かえん》構造《こうぞう》**、昔《むかし》の生《い》き物《もの》が浅《あさ》い海《うみ》で暮《く》らしていた跡《あと》である**生痕化石《せいこんかせき》**など、自然《しぜん》がつくった見《み》どころでいっぱいです。

城ヶ島《じょうがしま》の不思議《ふしぎ》ポイント地図《ちず》

国土地理院地図を元に作成

1 スランプ構造《こうぞう》

ぐにゃぐにゃしたところは、砂《すな》と泥《どろ》の地層《ちそう》が、固《かた》まる前《まえ》に海底《かいてい》で地《じ》すべりを起《お》こしたもの。

2 生痕《せいこん》化石《かせき》

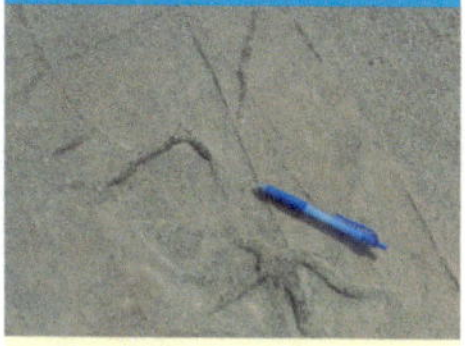

細長《ほそなが》い模様《もよう》は、約《やく》1000万年前《まんねんまえ》の海底《かいてい》で暮《く》らしていた貝《かい》などの巣穴《すあな》が化石《かせき》になったもの。

3 逆断層《ぎゃくだんそう》と火炎構造《かえんこうぞう》

地面《じめん》がスパッとずれた断層《だんそう》がよくわかる。白《しろ》い炎《ほのお》のような部分《ぶぶん》は火山灰《かざんばい》による火炎構造《かえんこうぞう》で、フレーム構造《こうぞう》とも呼《よ》ばれる。

4 大断層《だいだんそう》

これが、城ヶ島《じょうがしま》でもっとも大《おお》きな断層《だんそう》（逆断《ぎゃくだん》層《そう》）。地層《ちそう》が右上《みぎうえ》から左下《ひだりした》に向《む》かって、斜《なな》めにスパッと切《き》れているのがよくわかる。

5 馬《うま》の背《せ》

波《なみ》によって削《けず》られてできた海食洞《かいしょくどう》。1923（大正《たいしょう》12）年《ねん》の関東大震災《かんとうだいしんさい》で盛《も》り上《あ》がるまでは、この穴《あな》を船《ふね》が通《とお》れた。

豆《まめ》知《ち》識《しき》

観光名所《かんこうめいしょ》としての城ヶ島《じょうがしま》の歴史《れきし》は古《ふる》く、源頼朝《みなもとのよりとも》などの鎌倉武士《かまくらぶし》がしばしば訪《おとず》れました。遊ヶ崎《あそびがさき》や神楽高根《かぐらたかね》の地名《ちめい》はその名残《なごり》で、島《しま》の東《ひがし》にある「水《みず》ったれ」と呼《よ》ばれる清水《しみず》を頼朝《よりとも》が使《つか》ったともいわれています。

06

砂《すな》の道《みち》で陸《りく》とつながっている江《え》の島《しま》がどうして島《しま》なの？

江《え》の島《しま》は、藤沢市《ふじさわし》を流《なが》れる境川《さかいがわ》の河口近《かこうちか》くにあります。奈良時代《ならじだい》から神様《かみさま》がまつられていたという**江島神社《えのしまじんじゃ》**があり、江戸時代《えどじだい》には**江《え》の島参《しままい》り**が流行《りゅうこう》しました。

江《え》の島《しま》には名前《なまえ》に「島《しま》」がつきますが、実際《じっさい》は、大《おお》きく潮《しお》が引《ひ》いて海面《かいめん》が低《ひく》くなると、陸《りく》との間《あいだ》に砂《すな》の道《みち》が現《あらわ》れて陸《りく》とつながります。このようにして島《しま》と陸《りく》がつながった地形《ちけい》は**トンボロ（陸繋砂州《りくけいさす》）**といって、つながった島《しま》を**陸繋島《りくけいとう》**といいます。

トンボロは、島《しま》が陸《りく》の近《ちか》くにあるとできやすい地形《ちけい》です。陸《りく》によせる海《うみ》の流《なが》れは、島《しま》の裏側《うらがわ》（陸地側《りくちがわ》）に、ぐるりと回《まわ》り込《こ》むように流《なが》れます。すると、砂浜《すなはま》や海底《かいてい》にあった砂《すな》が、海《うみ》の流《なが》れに乗《の》って島《しま》と陸《りく》の間《あいだ》に溜《た》まっていき、トンボロになるのです。

今《いま》は江《え》の島《しま》と陸《りく》の間《あいだ》に橋《はし》がかかっていますが、橋《はし》ができる前《まえ》は、トンボロが海《うみ》に沈《しず》んでいるときは船《ふね》で島《しま》に渡《わた》っていました。今《いま》、トンボロを歩《ある》いて渡《わた》れるのは、春《はる》から夏《なつ》の**大潮《おおしお》**（満月《まんげつ》か新月《しんげつ》の干潮《かんちょう》）のときです。

このほか江《え》の島《しま》では、波《なみ》が削《けず》ってできた穴《あな》（海食洞《かいしょくどう》）や、急《きゅう》な崖《がけ》（海食崖《かいしょくがい》）など、海《うみ》がつくった地形《ちけい》を観察《かんさつ》できます。

溶岩《ようがん》でできた小石《こいし》（スコリア）が入《はい》った黒《くろ》っぽい地層《ちそう》と、火山灰《かざんばい》と砂《すな》がまじった白《しろ》っぽい地層《ちそう》が重《かさ》なっている（鎌倉《かまくら》の建長寺《けんちょうじ》付近《ふきん》）。

朝夷奈切通《あさいなきりどおし》

横浜方面《よこはまほうめん》へと抜《ぬ》けて、六浦湊《むつらみなと》とを結《むす》ぶ重要《じゅうよう》な道《みち》。

鎌倉《かまくら》の高低差《こうていさ》と7つの切通《きりどおし》

国土地理院地図を元に作成

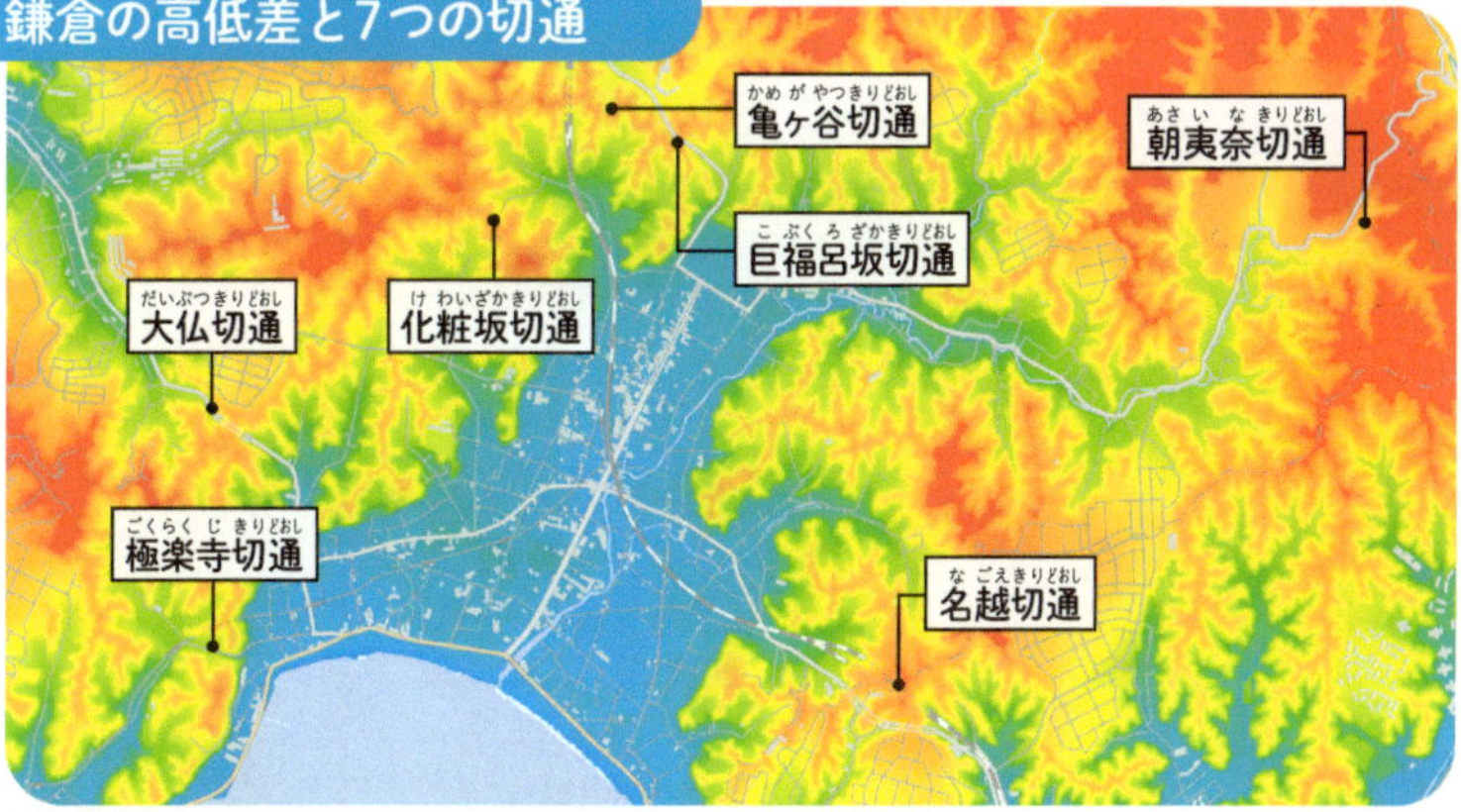

鎌倉《かまくら》の有名《ゆうめい》な「切通《きりどおし》」は７つあり、「鎌倉七口《かまくらななくち》」と呼《よ》ばれている。

亀ヶ谷切通《かめがやつきりどおし》

武蔵国《むさしのくに》（現在《げんざい》の東京《とうきょう》・埼玉《さいたま》）方面《ほうめん》に抜《ぬ》ける急《きゅう》な坂道《さかみち》。

地図《ちず》の赤色《あかいろ》やオレンジ色《いろ》は山《やま》や丘《おか》、南《みなみ》は海《うみ》だよ！

豆知識《まめちしき》

鎌倉《かまくら》の山《やま》をつくっている火山灰《かざんばい》と砂《すな》が固《かた》まった岩《いわ》は、削《けず》ったり、割《わ》ったりしやすいのが特徴《とくちょう》です。山《やま》から切《き》り出《だ》した石《いし》は「鎌倉石《かまくらいし》」と呼《よ》ばれ、石段《いしだん》や家《いえ》の囲《かこ》い、建物《たてもの》の土台《どだい》などに使《つか》われてきました。

08 丘《おか》のはしっこに現《あらわ》れる平《ひら》たい谷《たに》！「谷戸《やと》」地形《ちけい》は神奈川県《かながわけん》の原風景《げんふうけい》

横浜市《よこはまし》をはじめ、横須賀市《よこすかし》や鎌倉市《かまくらし》、川《かわ》崎市《さきし》（生田《いくた》）など、神奈川県内《かながわけんない》には、**谷戸《やと》**と呼《よ》ばれる地形《ちけい》がよく見《み》られます。谷戸《やと》とは、**台地《だいち》や丘陵地《きゅうりょうち》を侵食《しんしょく》してできた谷状《たにじょう》の地形《ちけい》**のことです。「谷《たに》」と書《か》いて「ヤツ」とも呼《よ》ばれます。三方《さんぽう》を囲《かこ》む斜面《しゃめん》には雑木《ぞうき》林《ばやし》や畑《はたけ》が広《ひろ》がり、谷底面《たにぞこめん》には田《た》んぼや小《お》川《がわ》、ため池《いけ》などがあります。

谷戸《やと》は、もともとは谷《たに》でした。谷《たに》はふつう、雨《あめ》や風《かぜ》によって台地《だいち》や丘陵地《きゅうりょうち》が侵食《しんしょく》され、V《ブイ》字形《じがた》をしています。約《やく》7000年《ねん》前《まえ》、地球《ちきゅう》の温暖化《おんだんか》により海水面《かいすいめん》が上昇《じょうしょう》する**縄文海進《じょうもんかいしん》**が起《お》きたときに、谷底《たにぞこ》の部分《ぶぶん》に土《ど》砂《しゃ》が堆積《たいせき》して、底《そこ》が平《たい》らになりました。やがて海面《かいめん》が下《さ》がって現在《げんざい》の高《たか》さになり、谷《や》戸《と》が姿《すがた》を現《あらわ》したのです。

高低差《こうていさ》が少《すく》なく平《たい》らで、水《みず》が豊富《ほうふ》な谷戸《やと》では、おもに稲作《いなさく》が行《おこな》われていました。外《がい》国人居留地《こくじんきょりゅうち》があった横浜《よこはま》の山手《やまて》では、谷戸《やと》に良質《りょうしつ》な水《みず》が出《で》たことから、1870（明《めい》治《じ》3）年《ねん》にビール醸造所《じょうぞうしょ》がつくられました。また、居留地《きょりゅうち》の外国人《がいこくじん》によって乳牛《にゅうぎゅう》が持《も》ち込《こ》まれ、山手《やまて》・本牧《ほんもく》周辺《しゅうへん》の谷戸《やと》には牧《ぼく》場《じょう》もありました。

横浜市《よこはまし》戸塚区《とつかく》舞岡町《まいおかちょう》エリア

田《た》んぼや雑木林《ぞうきばやし》などが残《のこ》され、
公園《こうえん》には自然体験施設《しぜんたいけんしせつ》もある。

国土地理院地図を元に作成

田植《たう》えを終《お》えた舞岡公園《まいおかこうえん》にある田《た》んぼ。

横浜市《よこはまし》根岸《ねぎし》・本牧《ほんもく》エリア

水《みず》が豊富《ほうふ》な谷戸地形《やとちけい》を利用《りよう》して、
明治時代《めいじじだい》にはビール工場《こうじょう》があった。

国土地理院地図を元に作成

キリン園公園《えんこうえん》の隣《となり》にある横浜市立北方小学校《よこはましりつきたがたしょうがっこう》の敷地内《しきちない》にはビール工場《こうじょう》で使《つか》った井戸《いど》が今《いま》もある。

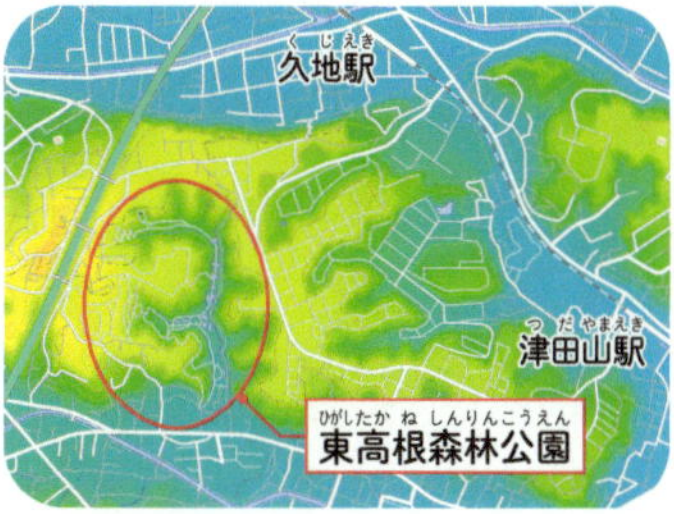

東高根森林公園《ひがしたかねしんりんこうえん》エリア（川崎市《かわさきし》）

県立《けんりつ》の森林公園《しんりんこうえん》には谷戸地形《やとちけい》を利用《りよう》して植物園《しょくぶつえん》などが整備《せいび》されている。

国土地理院地図を元に作成

空《そら》から見《み》ると丘《おか》が
削《けず》られたみたいだ！

豆知識《まめちしき》

海《うみ》から離《はな》れた縄文時代《じょうもんじだい》の遺跡《いせき》から、海《うみ》にすんでいた貝《かい》の化石《かせき》が発見《はっけん》されることがあります。これは縄文海進《じょうもんかいしん》のとき、海面《かいめん》が現在《げんざい》より２～3m も高《たか》く、その近《ちか》くまで海《うみ》があった証拠《しょうこ》です。

09 大《おお》きな段々畑《だんだんばたけ》みたいな地形《ちけい》を相模川《さがみがわ》がつくったって本当《ほんとう》!?

相模川《さがみがわ》が流《なが》れる相模原市《さがみはらし》や愛川町《あいかわまち》などには、川《かわ》から段々《だんだん》と高《たか》くなる階段《かいだん》のような地《ち》形《けい》が見《み》られます。これは**河岸段丘《かがんだんきゅう》**や**河成段《かせいだん》丘《きゅう》**と呼《よ》ばれ、段差《だんさ》をつくる**段丘崖《だんきゅうがい》**と、その上《うえ》に広《ひろ》がる平《たい》らな**段丘面《だんきゅうめん》**でできています。

河岸段丘《かがんだんきゅう》ができるのには、地球《ちきゅう》の力《ちから》で地《じ》面《めん》が上下《じょうげ》したりする**地殻変動《ちかくへんどう》**や、地球規模《ちきゅうきぼ》の気候変化《きこうへんか》で**海面《かいめん》が大《おお》きく上下《じょうげ》**することなどが関係《かんけい》しています。相模川流域《さがみがわりゅういき》の河岸段《かがんだん》丘《きゅう》は、気候《きこう》の変化《へんか》が大《おお》きく関係《かんけい》しました。

相模川《さがみがわ》の段丘面《だんきゅうめん》ができた約《やく》6万《まん》～1万年《まんねん》前《まえ》は、とても寒《さむ》くて長《なが》い**氷期《ひょうき》**と暖《あたた》かく短《みじか》い**間氷期《かんぴょうき》**が繰《く》り返《かえ》す**氷河時代《ひょうがじだい》**でした。氷期《ひょうき》の海面《かいめん》は今《いま》より100～120mも下《さ》がっていて、相模川上流《さがみがわじょうりゅう》から運《はこ》ばれてきた土砂《どしゃ》が積《つ》もっていきます。これを相模川《さがみがわ》の流《なが》れが削《けず》って狭《せま》い谷《たに》と段丘面《だんきゅうめん》をつくります。反対《はんたい》に間氷期《かんぴょうき》には、海《うみ》は内陸《ないりく》に入《はい》り込《こ》んで新《あら》たに土砂《どしゃ》が積《つ》もり、谷《たに》も広《ひろ》げられます。長《なが》い期間《きかん》のこの繰《く》り返《かえ》しで河岸段丘《かがんだんきゅう》はつくられます。相模川《さがみがわ》にはおもに**相模原面《さがみはらめん》**（約《やく》6万《まん》年前《ねんまえ》）、**中津原面《なかつはらめん》**（約《やく》3・5万年前《まんねんまえ》）、**田《た》名原面《なはらめん》**（約《やく》2・5万年前《まんねんまえ》）、**陽原面《みなはらめん》**（約《やく》1・5万年前《まんねんまえ》）の4つの段丘面《だんきゅうめん》があります。

相模原市《さがみはらし》中央区《ちゅうおうく》付近《ふきん》の段々地形《だんだんちけい》

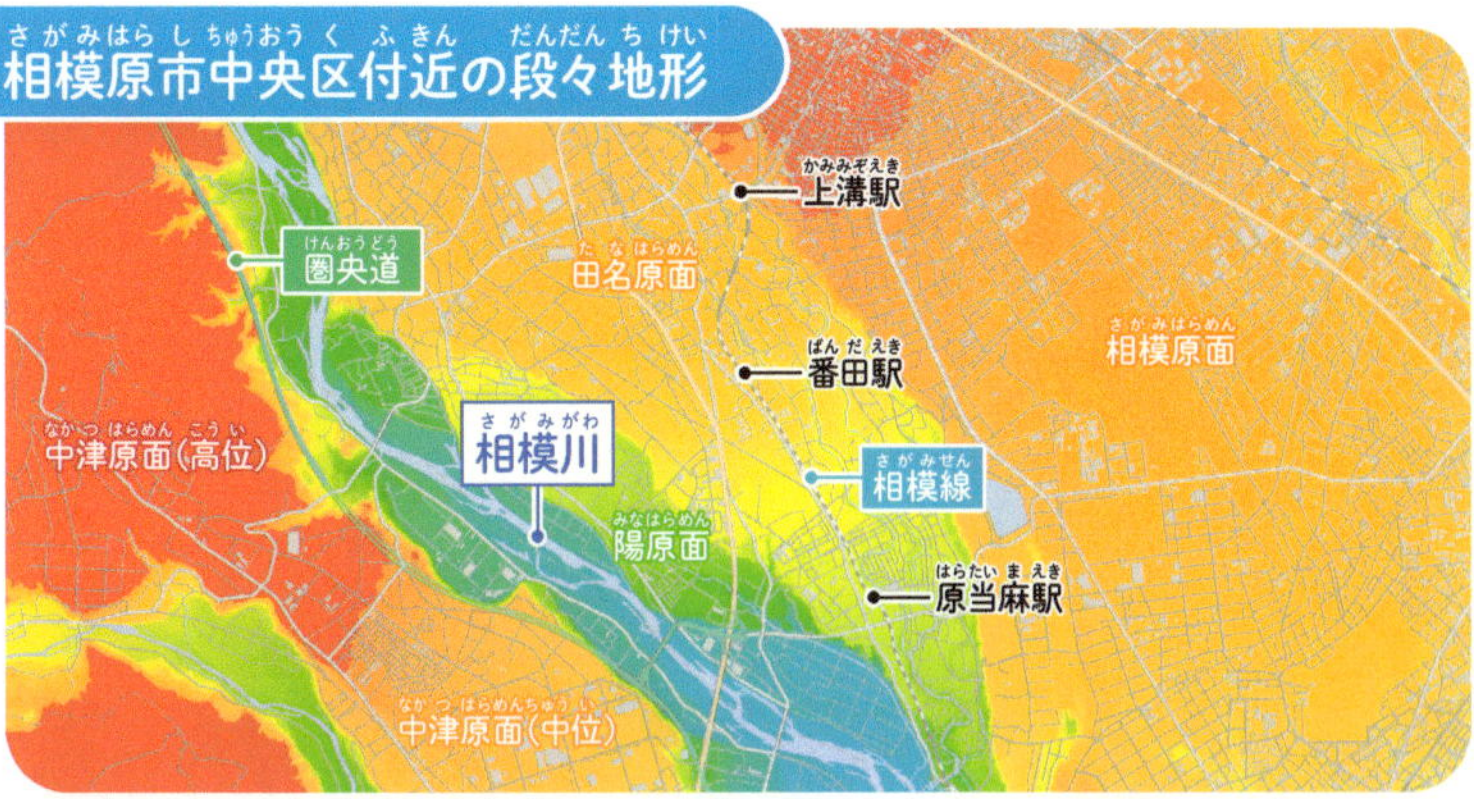

灰色《はいいろ》が相模川《さがみがわ》で、その右側《みぎがわ》（東側《ひがしがわ》）の土地《とち》は黄緑《きみどり》→黄色《きいろ》→オレンジ色《いろ》→赤色《あかいろ》と色《いろ》を変《か》えていく。青《あお》ほど土地《とち》が低《ひく》く赤色《あかいろ》ほど高《たか》いことを示《しめ》しており、相模川《さがみがわ》から離《はな》れるほど高《たか》くなる段々畑《だんだんばたけ》のような地形《ちけい》になっている。基本的《きほんてき》に、高《たか》いところ（高位《こうい》）ほど古《ふる》い地層《ちそう》だ。

国土地理院地図を元に作成

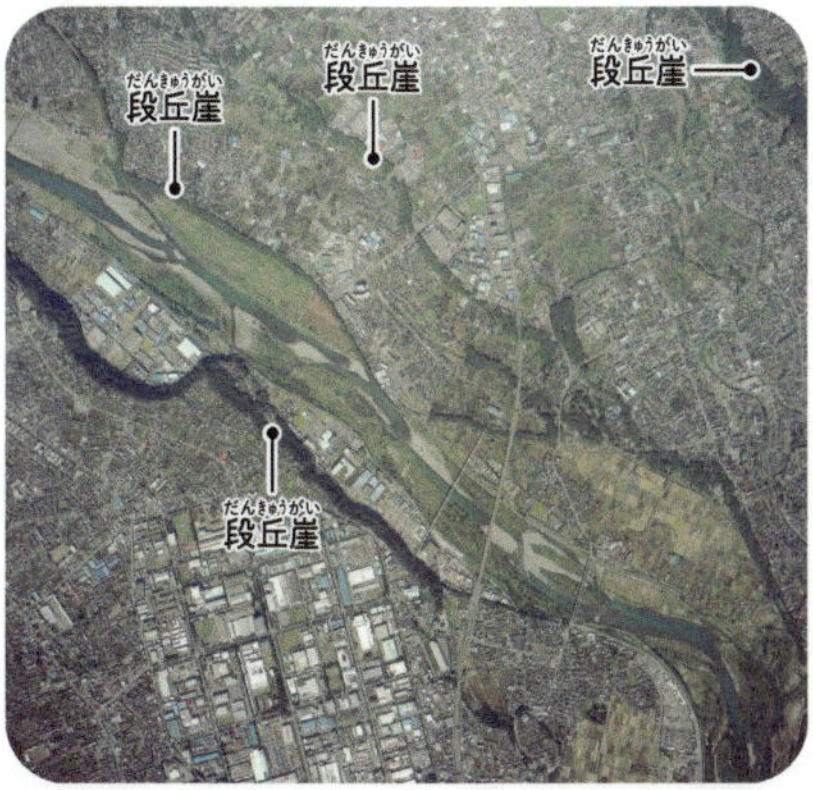

上《うえ》の地図《ちず》エリアを空《そら》から見《み》た写真《しゃしん》。相模川《さがみがわ》の段丘《だんきゅう》は、約《やく》6万年《まんねん》もの時間《じかん》をかけて自然《しぜん》がつくった。段差部分《だんさぶぶん》を段丘崖《だんきゅうがい》といって、森《もり》になっている。

撮影：国土地理院

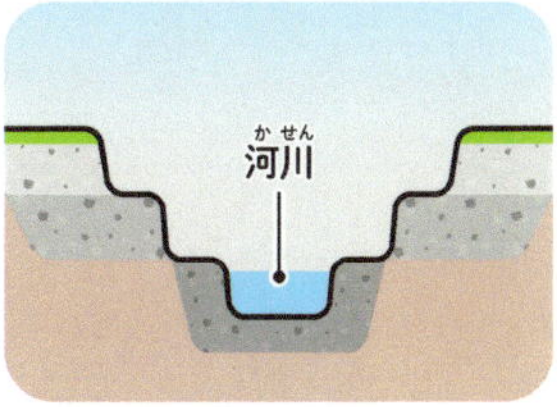

河岸段丘《かがんだんきゅう》のイメージ

横《よこ》から見《み》ると段々《だんだん》になっている。川《かわ》の流《なが》れが地面《じめん》を削《けず》ったり、地面《じめん》が自然《しぜん》の力《ちから》で上下《じょうげ》することでできた地形《ちけい》だ。

空《そら》から見《み》ると段々《だんだん》の場所《ばしょ》に木《き》がたくさんあるよ！

豆知識《まめちしき》

段丘崖《だんきゅうがい》の崖下《がいか》では、段丘面《だんきゅうめん》に降《ふ》った雨《あめ》などがゆっくりと地層《ちそう》を通《とお》って、湧《わ》き水《みず》となっていることがしばしばあります。相模川流域《さがみがわりゅういき》でも、道保川公園《どうほがわこうえん》（相模原市上溝《さがみはらしかみみぞ》）など多《おお》くの場所《ばしょ》で見《み》られます。

10 盆地《ぼんち》の秦野市《はだのし》できれいな湧《わ》き水《みず》が出《で》るのはなぜ？

神奈川県西部《かながわけんせいぶ》にある秦野市《はだのし》は、水《みず》がきれいでおいしい「名水《めいすい》の里《さと》」と呼《よ》ばれています。実際《じっさい》、秦野市内《はだのしない》には湧《わ》き水《みず》が多《おお》く、秦野盆地湧水群《はだのぼんちゆうすいぐん》という名前《なまえ》で、環境省《かんきょうしょう》による「名水百選《めいすいひゃくせん》」にも選《えら》ばれています。

ではなぜ、秦野市《はだのし》に湧《わ》き水《みず》が多《おお》いのでしょう。その答《こた》えは秦野市《はだのし》の地形《ちけい》にあります。

秦野市《はだのし》は、西側《にしがわ》から北《きた》〜東側《ひがしがわ》を丹沢山地《たんざわさんち》、南側《みなみがわ》を高《たか》さ２００〜３００ｍの渋沢丘陵《しぶさわきゅうりょう》という山々《やまやま》に囲《かこ》まれています。そして、市《し》の中心部《ちゅうしんぶ》はへこんだ盆地《ぼんち》という地形《ちけい》のなかにあります。秦野盆地《はだのぼんち》と渋沢丘陵《しぶさわきゅうりょう》のあいだには、地層《ちそう》がずれた断層《だんそう》が走《はし》っています。この断層《だんそう》が渋沢丘陵《しぶさわきゅうりょう》を盛《も》り上《あ》げ、北《きた》の秦野市内《はだのしない》を下《さ》げて秦野盆地《はだのぼんち》ができたのです。

盆地《ぼんち》には、丹沢山地《たんざわさんち》から水無川《みずなしがわ》や金目川《かなめがわ》、四十八瀬川《しじゅうはっせがわ》などの河川《かせん》が流《なが》れ込《こ》んでいて、上流《じょうりゅう》から運《はこ》んできた土砂《どしゃ》などが溜《た》まった扇状地《せんじょうち》といわれる地形《ちけい》をつくっています。扇状地《せんじょうち》は水《みず》はけがよく、水無川《みずなしがわ》などは盆地内《ぼんちない》で極端《きょくたん》に水《みず》の量《りょう》を減《へ》らします。水《みず》の多《おお》くが、川底《かわぞこ》の下《した》を流《なが》れているためで（伏流水《ふくりゅうすい》）、この水《みず》が扇状地《せんじょうち》の端《はし》っこ（扇端《せんたん》）で湧《わ》き出《で》て、秦野盆地湧水群《はだのぼんちゆうすいぐん》がつくられているのです。

秦野盆地周辺《はだのぼんちしゅうへん》の地図《ちず》

秦野盆地《はだのぼんち》は北《きた》・東《ひがし》・西《にし》を丹沢《たんざわ》の山々《やまやま》、南《みなみ》を断層《だんそう》で盛《も》り上《あ》がった渋沢丘陵《しぶさわきゅうりょう》に囲《かこ》まれている。水無川《みずなしがわ》や金目川《かなめがわ》が、ゆるやかに傾斜《けいしゃ》した扇状地《せんじょうち》をつくっている。

国土地理院地図を元に作成

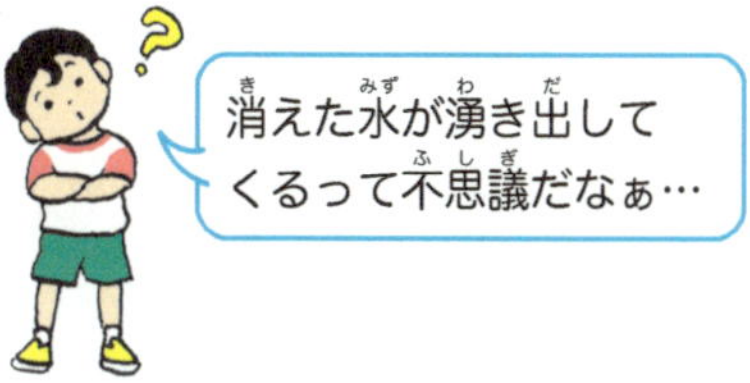

秦野駅近《はだのえきちか》くにある「弘法《こうぼう》の清水《しみず》」と呼《よ》ばれる湧《わ》き水《みず》。水温《すいおん》は１年《ねん》を通《とお》して16℃くらいで安定《あんてい》している。

秦野盆地《はだのぼんち》の東《ひがし》にある弘法山《こうぼうやま》から見《み》た秦野市内《はだのしない》。左《ひだり》の渋沢丘陵《しぶさわきゅうりょう》から右《みぎ》の丹沢山地《たんざわさんち》に囲《かこ》まれた盆地《ぼんち》だとわかる。遠《とお》くには富士山《ふじさん》が見《み》える。

名前《なまえ》の通《とお》り、伏流水《ふくりゅうすい》となって水《みず》がほとんど流《なが》れていない水無川《みずなしがわ》。

豆知識《まめちしき》

秦野《はだの》では、豊富《ほうふ》な地下水《ちかすい》を水源《すいげん》に全国《ぜんこく》で３番目《ばんめ》に早《はや》く（函館《はこだて》、横浜《よこはま》のあと）近代的《きんだいてき》な水道《すいどう》が完成《かんせい》。水《みず》を汚《よご》さない努力《どりょく》もあって、秦野市《はだのし》では今《いま》も水道水《すいどうすい》の約《やく》７割《わり》にきれいな地下水《ちかすい》が使《つか》われています。

11 森林《しんりん》から湿地《しっち》や干潟《ひがた》 海《うみ》まで続《つづ》く小網代《こあじろ》の森《もり》

三浦半島《みうらはんとう》の先《さき》にある**小網代《こあじろ》の森《もり》**は、相模《さがみ》湾《わん》に面《めん》した約《やく》70ヘクタールの森《もり》です。中央《ちゅうおう》を全長約《ぜんちょうやく》1・2㎞の「浦《うら》の川《かわ》」が流《なが》れており、**源流《げんりゅう》から森林《しんりん》を抜《ぬ》け、湿地《しっち》、干潟《ひがた》、海《うみ》に注《そそ》ぎ込《こ》むまで、道路《どうろ》や住宅《じゅうたく》などの人工物《じんこうぶつ》に遮《さえぎ》られることなく、連続《れんぞく》して自然《しぜん》が残《のこ》されている**のが特徴《とくちょう》です。関東《かんとう》でこのような場所《ばしょ》は、小網代《こあじろ》の森《もり》だけです。

この森《もり》のシンボルといえるのが、**アカテガニ**です。ふだんは、森《もり》で暮《く》らしていますが、夏《なつ》の大潮《おおしお》の夜《よる》になると、満潮《まんちょう》に合《あ》わせて卵《たまご》を抱《かか》えたメスが海《うみ》へと移動《いどう》し、波打《なみう》ち際《ぎわ》でゾエアと呼《よ》ばれる幼生《ようせい》を放《はな》す「放仔《ほうし》」を行《おこな》います。小網代《こあじろ》の森《もり》は、そんなアカテガニにはなくてはならない場所《ばしょ》なのです。

このほかにも、干潟《ひがた》でハサミを振《ふ》り上《あ》げて踊《おど》るチゴガニや、ホタル、ノコギリクワガタ、モンキアゲハなど、現在《げんざい》、2000種《しゅ》以上《いじょう》の生《い》きものが確認《かくにん》されています。

かつては、ここにゴルフ場《じょう》をつくる計画《けいかく》がありましたが、貴重《きちょう》な自然環境《しぜんかんきょう》が再認識《さいにんしき》され、国《くに》の近郊緑地保全区域《きんこうりょくちほぜんくいき》の指定《してい》を受《う》け、保全《ほぜん》が始《はじ》まりました。現在《げんざい》は、園路整備《えんろせいび》が行《おこな》われて一般開放《いっぱんかいほう》されています。

「小網代《こあじろ》の森《もり》」周辺地図《しゅうへんちず》

森《もり》を流《なが》れる浦《うら》の川《かわ》。

国土地理院地図を元に作成

ここは「生物多様性《せいぶつたようせい》」が豊《ゆた》かな森《もり》なんだね！

アカテガニ

昼間《ひるま》は岩《いわ》の隙間《すきま》に隠《かく》れていることが多《おお》い。

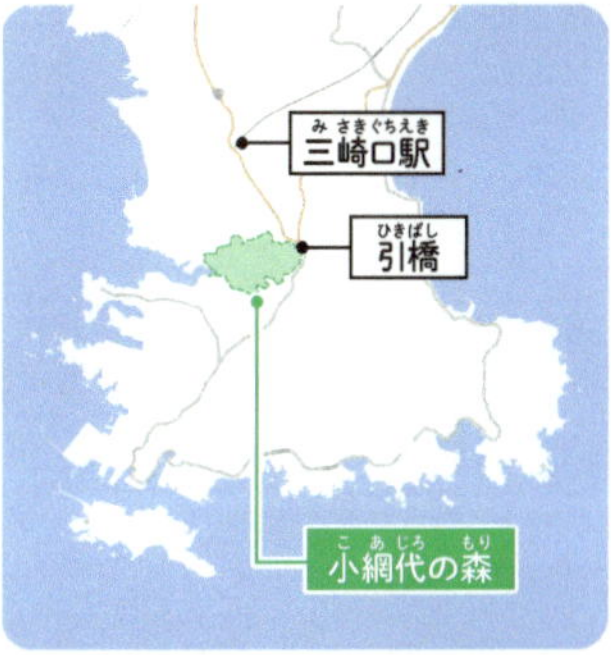

国土地理院地図を元に作成

ミヤマクワガタ

山地《さんち》でよく見《み》られるクワガタの代表《だいひょう》。

チゴガニ

危険《きけん》を感《かん》じるとすぐ巣穴《すあな》に隠《かく》れてしまう。

干潮《かんちょう》になると干潟《ひがた》が広《ひろ》がる河口付近《かこうふきん》。

豆知識《まめちしき》

チゴガニが春《はる》から夏《なつ》にかけて踊《おど》るのはおもにオスで、メスへの求愛《きゅうあい》や縄張《なわば》りを守《まも》るためと考《かんが》えられています。干潟《ひがた》で踊《おど》るカニは、ほかにもコメツキガニやヤマトオサガニなどがいます。

12

おいしい「湘南《しょうなん》しらす」は湘南《しょうなん》の深《ふか》〜い海《うみ》のおかげ？

温《あたた》かいご飯《はん》といっしょに食《た》べるとおいし**い**しらすは、イワシやウナギ、アユなどの子《こ》どもで、2〜4cmほどの細長《ほそなが》く無色透明《むしょくとうめい》な魚《さかな》の総称《そうしょう》**です。さまざまな魚《さかな》が含《ふく》まれますが、神奈川県《かながわけん》の相模湾《さがみわん》でとれるものは、イワシのなかまのカタクチイワシ、マイワシ、ウルメイワシの子《こ》どもで、**湘南《しょうなん》しらす**というブランド名《めい》で知《し》られています。

温《あたた》かな海《うみ》で生《う》まれたイワシの稚魚《ちぎょ》は、アジやカツオなどの回遊魚《かいゆうぎょ》とともに、黒潮《くろしお》に乗《の》って相模湾《さがみわん》にやってきます。相模湾《さがみわん》は、富山湾《とやまわん》、駿河湾《するがわん》とともに**日本《にほん》3大深湾《だいしんわん》**のひとつで、深《ふか》いところでは水深《すいしん》1000m以《い》上《じょう》もあります。水深《すいしん》250〜1000m付《ふ》近《きん》には、北《きた》から栄養分《えいようぶん》を豊富《ほうふ》に含《ふく》んだ親潮《おやしお》が流《なが》れ込《こ》み、さらに箱根《はこね》や丹沢《たんざわ》などの森《もり》からは、酒匂川《さかわがわ》などを経由《けいゆ》して栄養分《えいようぶん》が相模《さがみ》湾《わん》に注《そそ》ぎ込《こ》んでいるため、魚《さかな》の生育《せいいく》にはぴったりの場所《ばしょ》なのです。

また、岸《きし》の近《ちか》くから急《きゅう》に深《ふか》くなっているので、近場《ちかば》で漁《りょう》をして、新鮮《しんせん》なうちにしらすを加工《かこう》することもできます。とりすぎないよう、相模湾《さがみわん》のしらす漁《りょう》は1月1日《がつついたち》から3月10日《がっとおか》まで禁漁《きんりょう》です。

相模湾《さがみわん》の海底地形図《かいていちけいず》

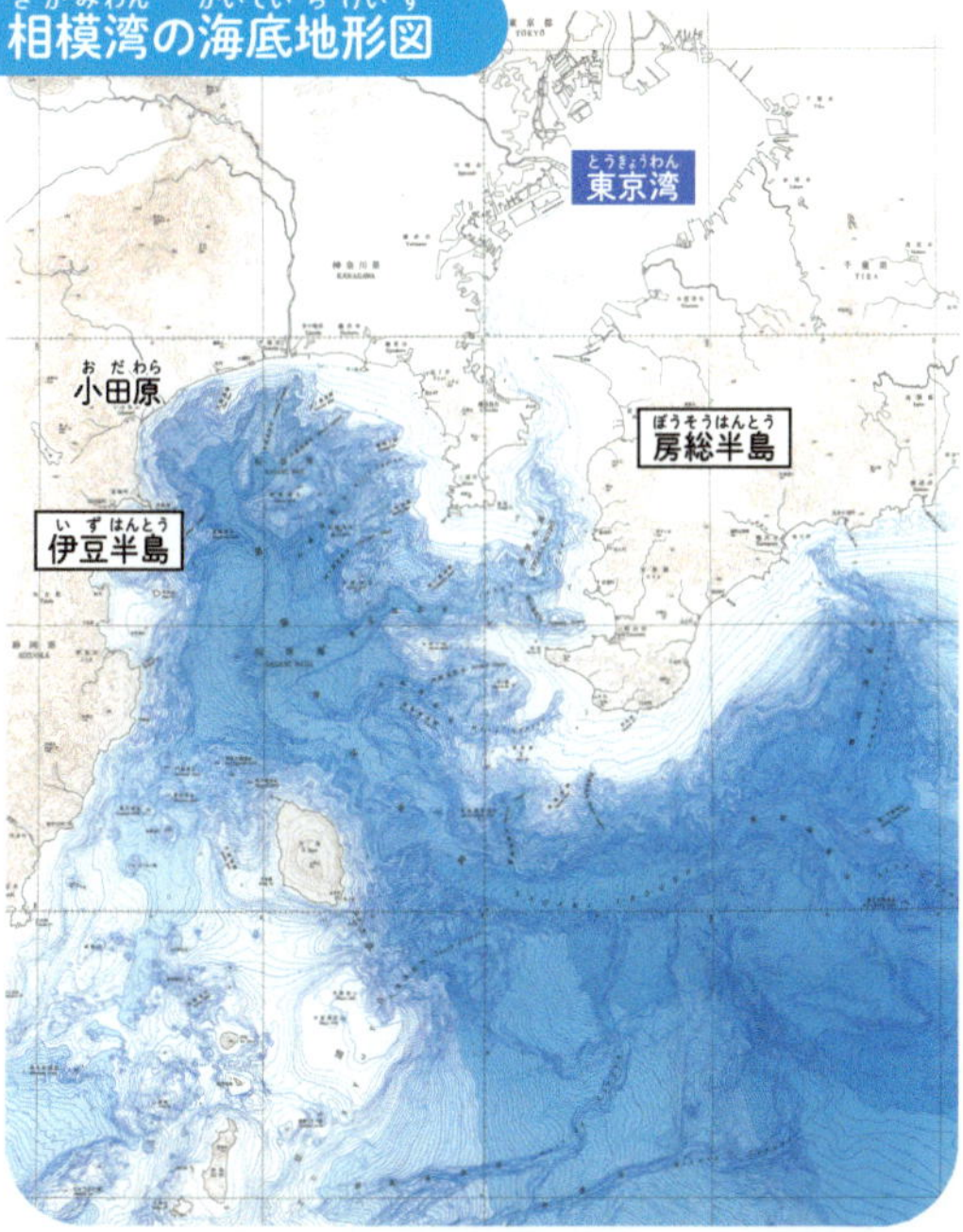

© 海上保安庁（相模湾南方・海底地形図より）

青《あお》い色《いろ》が濃《こ》くなるほど深《ふか》い場《ば》所《しょ》。小田原近海《おだわらきんかい》はとくにすぐ深《ふか》くなっているのがわかる。

しらすを干《ほ》す様子《ようす》

とれたしらすは、新鮮《しんせん》なうちに加工所《かこうじょ》で釜揚《かまあ》げにされる。

とれたてだから味《あじ》わえる

江《え》の島周辺《しましゅうへん》では、生《なま》のしらすを味《あじ》わうことができる。

豆《まめ》知《ち》識《しき》

しらすは、塩《しお》ゆでして「釜揚《かまあ》げしらす」にするほか、ゆでたしらすを干《ほ》して「しらす干《ぼ》し」、さらに機械《きかい》や天日《てんぴ》でカリカリになるまで干《ほ》して「ちりめんじゃこ」に加工《かこう》されます。

COLUMN vol.1

もっと 神奈川《かながわ》を探県《たんけん》！

「湘南《しょうなん》」っていったいどこを指《さ》す地名《ちめい》？

神奈川県《かながわけん》は平塚市《ひらつかし》、藤沢市《ふじさわし》、茅ケ崎市《ちがさきし》、秦野市《はだのし》、伊勢原市《いせはらし》、寒川町《さむかわまち》、大磯町《おおいそまち》、二宮町《にのみやまち》を「湘南地域《しょうなんちいき》」と呼《よ》んでいます。湘南《しょうなん》といえば「海《うみ》」のイメージが強《つよ》いですが、秦野市《はだのし》、伊勢原市《いせはらし》、寒川町《さむかわまち》は海《うみ》に面《めん》していません。いっぽう江《え》の島《しま》にも近《ちか》く、湘南《しょうなん》でもおかしくなさそうな鎌倉市《かまくらし》は湘南地域《しょうなんちいき》に入《はい》っていません。なぜでしょう。これには車《くるま》のナンバープレートが関係《かんけい》しているようです。先《さき》ほどの市町《しちょう》はすべて「湘南《しょうなん》ナンバー」なのですが、鎌倉市《かまくらし》は「横浜《よこはま》ナンバー」の地域《ちいき》なのです。でも、地元《じもと》の人《ひと》たちが考《かんが》える「湘南《しょうなん》」の範囲《はんい》は人《ひと》それぞれで、とてもあいまいです。藤沢市《ふじさわし》、茅ケ崎市《ちがさきし》、平塚市《ひらつかし》、大磯町《おおいそまち》、二宮町《にのみやまち》を湘南《しょうなん》という人《ひと》もいれば、ここに鎌倉市《かまくらし》と逗子市《ずしし》、葉山町《はやままち》を加《くわ》える人《ひと》もいます。湘南《しょうなん》は藤沢市《ふじさわし》と茅ケ崎市《ちがさきし》だけ、もしくはそこに鎌倉市《かまくらし》を加《くわ》えた3市《し》という意見《いけん》もあります。ですが、もとをただせば湘《しょう》南《なん》の名前《なまえ》の発祥《はっしょう》は大磯町《おおいそまち》といわれています。江戸時代《えどじだい》に大磯《おおいそ》にいた中国《ちゅうごく》の商人《しょうにん》が、この地《ち》を湘江《しょうこう》（中国南部《ちゅうごくなんぶ》の大河《たいが》）の南側《みなみがわ》に似《に》ていることから「湘《しょう》南《なん》」と詩《し》に詠《よ》んだのが始《はじ》まりだそうです。そのことからも、湘南《しょうなん》エリアには大磯町《おおいそまち》が外《はず》せないといえるかもしれません。

Part 2

神奈川《かながわ》の
びっくりな歴史《れきし》

幕府《ばくふ》が開《ひら》かれた鎌倉《かまくら》、開港《かいこう》の地《ち》となった横浜《よこはま》など、
神奈川県《かながわけん》には歴史《れきし》の名所《めいしょ》がたくさんあります。
じつは、日本《にほん》で一番古《いちばんふる》い遺跡《いせき》があるのも神奈川県《かながわけん》で、
ふだん使《つか》っている駅《えき》や公園《こうえん》、道路《どうろ》にも
知《し》れば楽《たの》しい歴史《れきし》が隠《かく》れているんです。

13 日本《にほん》で一番《いちばん》古《ふる》い時代《じだい》の遺跡《いせき》が神奈川県《かながわけん》にあるって本当《ほんとう》？

相模原市中央区《さがみはらしちゅうおうく》にある**田名向原遺跡《たなむかいはらいせき》**は、日本《にほん》で最古《さいこ》といわれる**後期旧石器時代《こうききゅうせっきじだい》（約《やく》2万《まん》～1万《まん》8000年前《ねんまえ》）の住居《じゅうきょ》の跡《あと》**です。一般的《いっぱんてき》に日本列島《にほんれっとう》では、縄文時代《じょうもんじだい》（約《やく》1万《まん》3000～2300年前《ねんまえ》）から定住《ていじゅう》生活《せいかつ》が始《はじ》まったと考《かんが》えられています。しかし、それよりも古《ふる》い時代《じだい》の田名向原遺跡《たなむかいはらいせき》から住居《じゅうきょ》の跡《あと》が見《み》つかったので、注目《ちゅうもく》が集《あつ》まりました。人々《ひとびと》はここに定住《ていじゅう》していたのか、それとも季節《きせつ》によって利用《りよう》する半定《はんてい》住《じゅう》の場《ば》だったのか。ともあれ、それまでの移動生活《いどうせいかつ》から定住生活《ていじゅうせいかつ》に切《き》り替《か》わる過渡《かと》期《き》の生活様式《せいかつようしき》を知《し》るうえで、とても重要《じゅうよう》な遺跡《いせき》といえるでしょう。

田名向原遺跡《たなむかいはらいせき》の住居《じゅうきょ》の跡《あと》は直径約《ちょっけいやく》10mと、同時代《どうじだい》では世界的《せかいてき》にも例《れい》がない大《おお》きさです。内側《うちがわ》には柱穴《ちゅうけつ》と思《おも》われる跡《あと》が12カ所《しょ》、ほぼ等間隔《とうかんかく》に円形《えんけい》に並《なら》んでおり、2カ所《しょ》の炉跡《ろあと》（焚《た》き火《び》の跡《あと》）が確認《かくにん》されました。また、約《やく》3000個《こ》ものナイフなどの石器《せっき》が出土《しゅつど》しており、その石材《せきざい》の産地《さんち》は長野県《ながのけん》や伊豆《いず》、箱根《はこね》であることもわかっています。このため、この**集落《しゅうらく》の人々《ひとびと》は遠隔地《えんかくち》とも交《こう》流《りゅう》**があったと考《かんが》えられています。

「史跡《しせき》田名《たな》向《むかい》原《はら》遺跡《いせき》公園《こうえん》」にある後期《こうき》旧石器時代《きゅうせっきじだい》の住居跡《じゅうきょあと》（復元《ふくげん》）。大《おお》きさは、直径《ちょっけい》 10m ほどの建物《たてもの》で、ここからは多《おお》くの石器《せっき》が見《み》つかっている。この地下《ちか》に本物《ほんもの》の遺跡《いせき》が埋《う》まっている。

谷《たにが》原《はら》古墳群《こふんぐん》から「史跡《しせき》田名《たな》向《むかい》原《はら》遺跡《いせき》公園《こうえん》」に移築《いちく》・復元《ふくげん》された円墳《えんふん》。

田名《たな》向《むかい》原《はら》遺跡《いせき》の周辺《しゅうへん》

地図《ちず》のオレンジ色《いろ》の部分《ぶぶん》が河岸段丘《かがんだんきゅう》。田名《たな》向《むかい》原《はら》遺跡《いせき》は、相模川《さがみがわ》によってつくられた河《か》岸段丘《がんだんきゅう》の上《うえ》にあることがわかる。

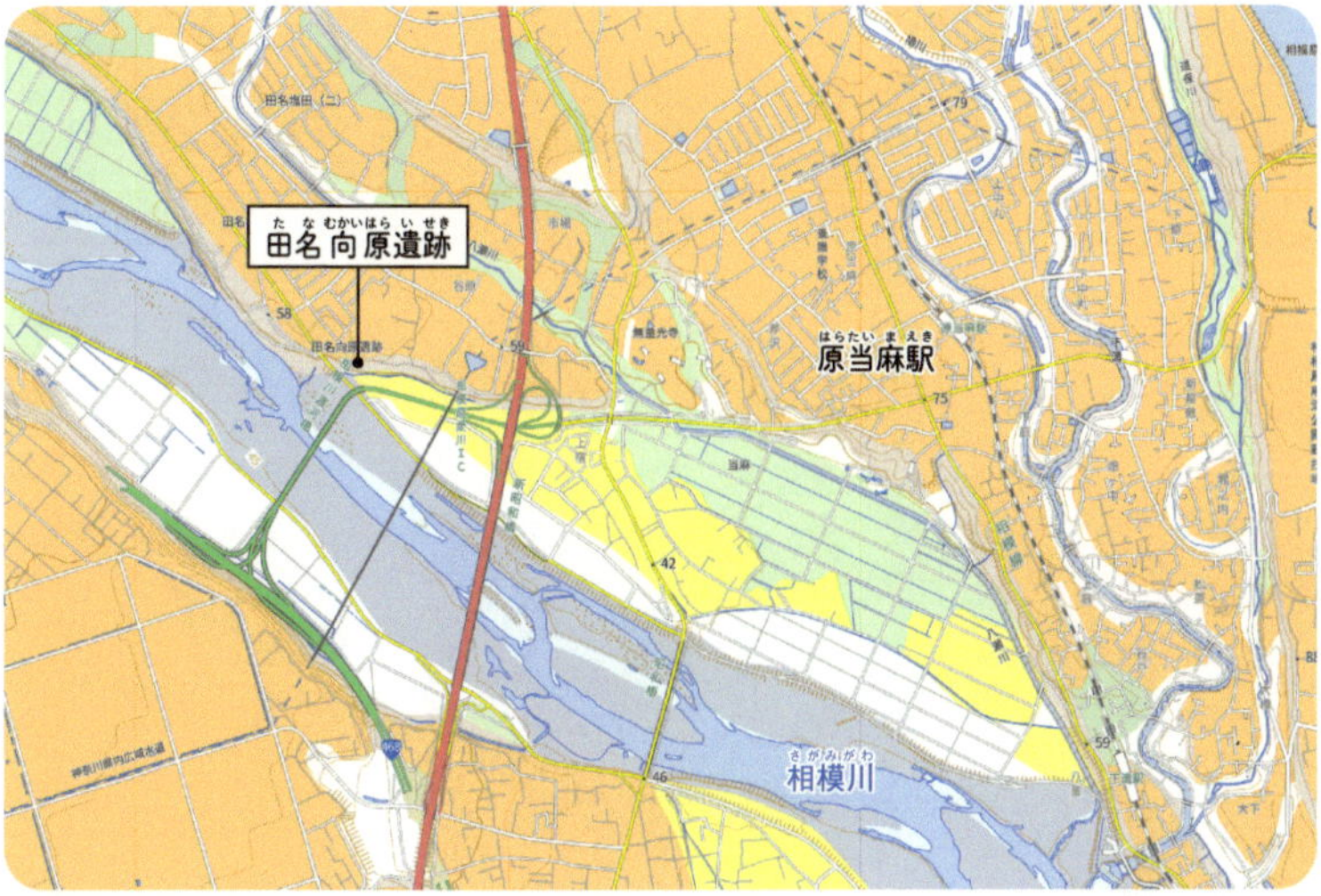

国土地理院地図を元に作成

豆《まめ》知《ち》識《しき》

相模川《さがみがわ》河岸《かがん》の標高約《ひょうこうやく》 56m の位置《いち》にある田名《たな》向《むかい》原《はら》遺跡《いせき》は、人《ひと》が住《す》んでいた当時《とうじ》は川《かわ》べりだったようです。気候《きこう》の温暖化《おんだんか》にともない、人々《ひとびと》が生活《せいかつ》の場《ば》を川筋《かわすじ》に移《うつ》してきたことを裏づける遺跡《いせき》といえます。

14 横浜《よこはま》のセンター北駅《きたえき》の下《した》に巨大《きょだい》な遺跡《いせき》が埋《う》まっている!?

横浜市営地下鉄《よこはましえいちかてつ》のセンター北駅《きたえき》から徒歩《とほ》5分《ふん》ほどの丘《おか》に、**大塚《おおつか》・歳勝土《さいかちど》遺跡《いせき》**（横浜市都筑区《よこはましつづきく》）があります。

大塚遺跡《おおつかいせき》は約《やく》2000年前《ねんまえ》の弥生時代《やよいじだい》につくられた集落《しゅうらく》で、周囲《しゅうい》に堀《ほり》をめぐらせた**環濠集落《かんごうしゅうらく》**です。環濠集落《かんごうしゅうらく》は水田稲作農耕《すいでんいなさくのうこう》とともに大陸《たいりく》からもたらされた集落施設《しゅうらくしせつ》とされています。大塚遺跡《おおつかいせき》からは85軒《けん》の住居跡《じゅうきょあと》と10棟《とう》の高床倉庫《たかゆかそうこ》が発見《はっけん》されました。今《いま》のところ水田跡《すいでんあと》は見《み》つかっていませんが、炭化《たんか》した米《こめ》は出土《しゅつど》しているので、稲作文化《いなさくぶんか》が伝《つた》わっていたと推測《すいそく》されています。

いっぽうの歳勝土遺跡《さいかちどいせき》からは、**方形周溝墓《ほうけいしゅうこうぼ》**という、周囲《しゅうい》に方形《ほうけい》の溝《みぞ》をめぐらせた盛《も》り土《つち》の墓《はか》が25基《き》見《み》つかっています。この形式《けいしき》の墓《はか》は、弥生時代《やよいじだい》から古墳時代《こふんじだい》にかけて多《おお》くつくられたものです。したがって**環濠集落《かんごうしゅうらく》（大塚遺跡《おおつかいせき》）に住《す》んだ人々《ひとびと》の共同墓地《きょうどうぼち》がこの方形周溝墓群《ほうけいしゅうこうぼぐん》（歳勝土遺跡《さいかちどいせき》）**であると考《かんが》えられています。環濠集落《かんごうしゅうらく》と墓地《ぼち》が一体《いったい》となって発見《はっけん》された例《れい》はめずらしく、これにより関東地方《かんとうちほう》における弥生集落《やよいしゅうらく》の全体像《ぜんたいぞう》が明《あき》らかにされました。そのため、学術的《がくじゅつてき》にもとても価値《かち》の高《たか》い遺跡《いせき》といえます。

公益財団法人 横浜市ふるさと歴史財団埋蔵文化財センター提供

大塚《おおつか》・歳勝土《さいかちど》遺跡《いせき》で発見《はっけん》された約《やく》2000 年前《ねんまえ》（弥生時代《やよいじだい》）の集落《しゅうらく》の跡《あと》。現在《げんざい》は西側《にしがわ》（写真《しゃしん》の下側《したがわ》）の半分以上《はんぶんいじょう》が開発《かいはつ》によって失《うしな》われた。

村長《そんちょう》の住《す》まいとされる大型住居《おおがたじゅうきょ》（復元《ふくげん》）。集会所《しゅうかいじょ》としても使《つか》われたと考《かんが》えられている。

左上《ひだりうえ》の写真《しゃしん》の遺跡《いせき》の下側《したがわ》半分《はんぶん》は、ノースポート・モールのあたりにあったんだね！

大塚《おおつか》・歳勝土遺跡公園《さいかちどいせきこうえん》周辺《しゅうへん》

遺跡《いせき》の一部《いちぶ》はセンター北駅《きたえき》ほかニュータウンが開発《かいはつ》され、残《のこ》りは「大塚《おおつか》・歳勝土《さいかちど》遺跡公園《いせきこうえん》」として整備《せいび》されている。

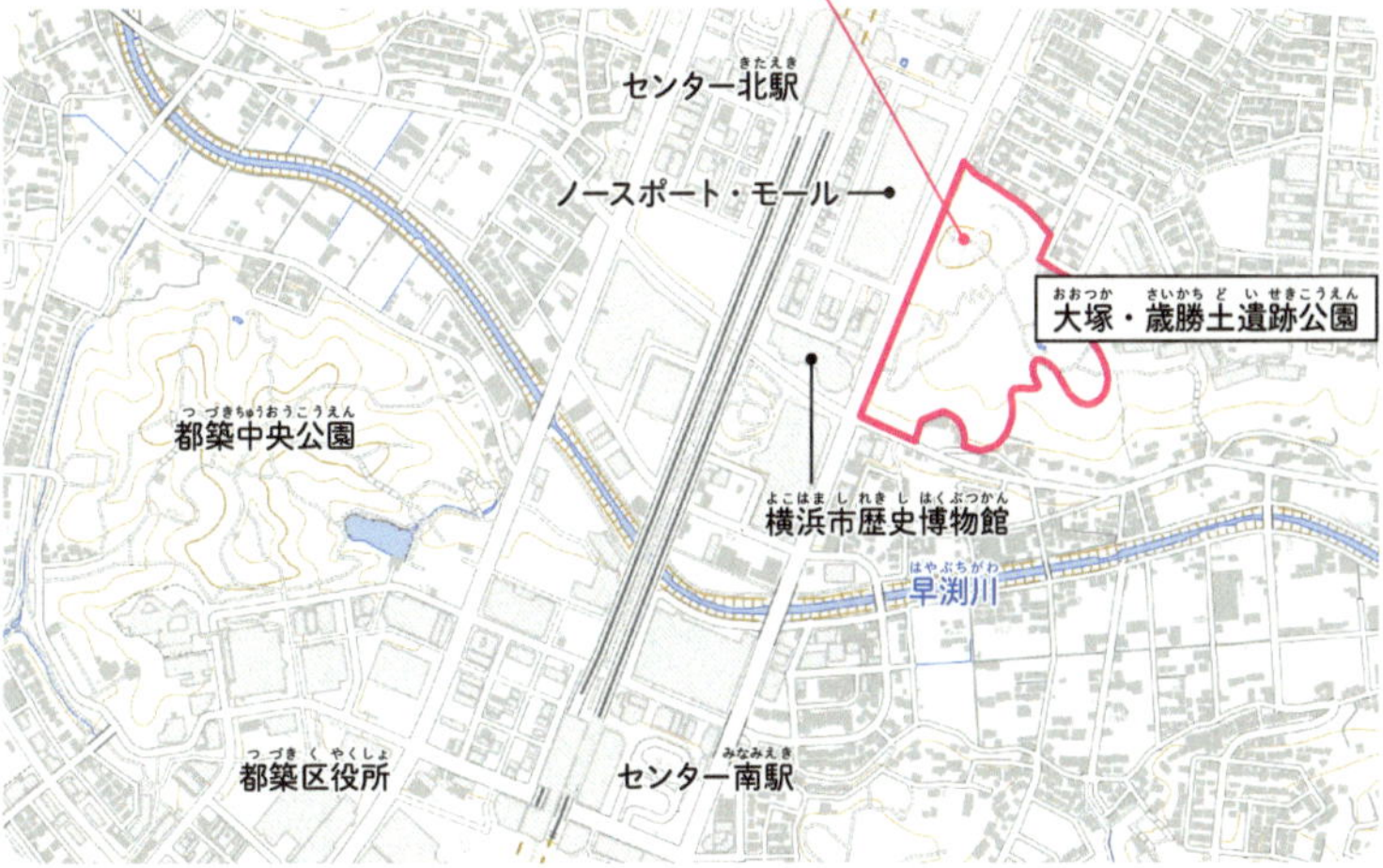

国土地理院地図を元に作成

豆《まめ》知《ち》識《しき》

大塚遺跡《おおつかいせき》には 85 軒《けん》の住居跡《じゅうきょあと》がありますが、同時期《どうじき》に存在《そんざい》した数《かず》は 20 軒《けん》ほどとされています。1 軒《けん》に 5 人程度《にんていど》が暮《く》らしていたと仮定《かてい》すると、この集落《しゅうらく》の規模《きぼ》は 100 人程度《にんていど》だったと考《かんが》えられます。

15 大昔《おおむかし》の神奈川《かながわ》の中心地《ちゅうしんち》はいったいどこだったの？

近畿地方《きんきちほう》に成立《せいりつ》した**ヤマト王権《おうけん》**は、大化《たいか》の改新《かいしん》（645年《ねん》）などを行《おこな》い、中央集権《ちゅうおうしゅうけん》的《てき》な律令国家《りつりょうこっか》の実現《じつげん》に取《と》り組《く》みました。その過程《かてい》で今《いま》の神奈川県域《かながわけんいき》には**武蔵国《むさしのくに》**と**相《さが》模国《みのくに》**が誕生《たんじょう》しました。

武蔵国《むさしのくに》は、現在《げんざい》の行政区画《ぎょうせいくかく》に照《て》らし合《あ》わせると、川崎市《かわさきし》や横浜市《よこはまし》の一部《いちぶ》、さらに東《とう》京都《きょうと》と埼玉県《さいたまけん》を含《ふく》みます。いっぽうの相《さが》模国《みのくに》は、川崎市《かわさきし》や横浜市《よこはまし》をのぞく神奈川《かながわ》県全域《けんぜんいき》を含《ふく》んでいました。

武蔵国《むさしのくに》の国府《こくふ》（政治《せいじ》の中心地《ちゅうしんち》）は東京都《とうきょうと》府中市《ふちゅうし》でしたが、相模国《さがみのくに》の国府《こくふ》は、発掘《はっくつ》調査《ちょうさ》によって平塚市《ひらつかし》におかれていたことがわかりました。相模国《さがみのくに》の国府《こくふ》は、**大住郡《おおすみぐん》****（平塚市《ひらつかし》）、余綾郡《よろきぐん》（中郡大磯町《なかぐんおおいそまち》）**と移転《いてん》したと推定《すいてい》されています（諸説《しょせつ》あり）。

国府《こくふ》と同様《どうよう》に重要《じゅうよう》な施設《しせつ》が**国分寺《こくぶんじ》**です。国分寺《こくぶんじ》とは、741（天平《てんぴょう》13）年《ねん》に聖武《しょうむ》天皇《てんのう》が日本《にほん》の各国《かっこく》に建立《こんりゅう》を命《めい》じた寺院《じいん》のことで、通常《つうじょう》は国府《こくふ》の近《ちか》くに建《た》てられることが多《おお》いのですが、相模国《さがみのくに》の場合《ばあい》は現在《げんざい》の**海《え》老名市《びなし》に建立《こんりゅう》**されました。古代《こだい》の神奈川県《かながわけん》域《いき》では、現在《げんざい》の海老名市《えびなし》が仏教《ぶっきょう》の中心地《ちゅうしんち》であったと考《かんが》えられています。

相模国《さがみのくに》8郡《ぐん》・武蔵国《むさしのくに》3郡《ぐん》と国府推定地《こくふすいてい ち》

国土地理院地図を元に作成

大化《たいか》の改新《かいしん》（645年《ねん》）の後《あと》、現在《げんざい》の神奈川県《かながわけん》は相模国《さがみのくに》8郡《ぐん》・武蔵国《むさしのくに》3郡《ぐん》に区分《くぶん》された。
武蔵国《むさしのくに》の国府《こくふ》は現在《げんざい》の東京都《とうきょうと》の府中市《ふちゅうし》にあった。

提供：湘南工科大学 名誉教授長澤可也・井上道哉研究室

VR《ブイアール》で復元《ふくげん》された奈良時代《ならじだい》の相模国分寺《さがみこくぶんじ》。
七重塔《しちじゅうのとう》や金堂《こんどう》などが建《た》っていた。
（海老名市・海老名市教育委員会「奈良時代の相模国分寺」より転載）

豆《まめ》知《ち》識《しき》

海老名《えびな》の国分寺《こくぶんじ》は奈良《なら》の法隆寺《ほうりゅうじ》と似《に》た伽藍《がらん》（寺社《じしゃ》の建物《たてもの》）配置《はいち》でした。法隆寺式《ほうりゅうじしき》を用《もち》いている国分寺《こくぶんじ》は、相模国《さがみのくに》や下総国《しもうさのくに》（現在《げんざい》の千葉県北部《ちばけんほくぶ》と茨城県南西部《いばらきけんなんせいぶ》）など、全国《ぜんこく》でも数例《すうれい》しか確認《かくにん》されていません。

16 「いざ鎌倉《かまくら》！」というけれど どうして幕府《ばくふ》は鎌倉《かまくら》に？

1185（元暦《げんりゃく》2）年《ねん》、壇《だん》ノ浦《うら》の戦《たたか》いで平家《へいけ》を倒《たお》した**源頼朝《みなもとのよりとも》**は、1192（建久《けんきゅう》3）年《ねん》に**征夷大将軍《せいいたいしょうぐん》**に任《にん》じられ、**鎌倉《かまくら》に幕府《ばくふ》**を開《ひら》きました。どうして日本初《にほんはつ》の武家政権《ぶけせいけん》の政庁《せいちょう》を鎌倉《かまくら》に置《お》いたのでしょうか。

その理由《りゆう》のひとつとして、鎌倉《かまくら》が**父祖《ふそ》ゆかりの地《ち》**であったことが挙《あ》げられます。現《げん》在《ざい》の鶴岡八幡宮《つるがおかはちまんぐう》は、頼朝《よりとも》から5代前《だいまえ》の頼義《よりよし》が京都《きょうと》の石清水八幡宮《いわしみずはちまんぐう》から勧請《かんじょう》（神《かみ》の分霊《ぶんれい》を新《あたら》しい社殿《しゃでん》に迎《むか》え入《い》れること）したものであり、頼朝《よりとも》の父《ちち》・義朝《よしとも》は亀ケ谷《かめがやつ》（現在《げんざい》の鎌倉市《かまくらし》扇ガ谷《おうぎがやつ》）に居館《きょかん》を建《た》てました。

もうひとつは、鎌倉《かまくら》の地形《ちけい》に理由《りゆう》があります。鎌倉《かまくら》は**東西北《とうざいほく》の三方《さんぼう》を山《やま》に囲《かこ》まれて南側《みなみがわ》は相模湾《さがみわん》に面《めん》している**ので、鎌倉《かまくら》に至《いた》る陸路《りくろ》は「鎌倉七口《かまくらななくち》」と呼《よ》ばれ、限定されていました。移動《いどう》の制限《せいげん》や監視《かんし》がしやすく外敵《がいてき》の侵入《しんにゅう》を防《ふせ》ぎやすい、まさに**天然《てんねん》の要害《ようがい》**といえる地形《ちけい》なのです。

また、関東《かんとう》へ向《む》かう際《さい》には、三浦半島《みうらはんとう》から船《ふね》で東京湾《とうきょうわん》を渡《わた》り、房総半島《ぼうそうはんとう》へ至《いた》るのがこの時代《じだい》の一般的《いっぱんてき》な経路《けいろ》でした。鎌倉《かまくら》は**東京湾《とうきょうわん》の玄関口《げんかんぐち》**として、人《ひと》や物《もの》が集《あつ》まる場《ば》所《しょ》としても重要《じゅうよう》な土地《とち》だったのです。

史跡法華堂跡《しせきほっけどうあと》にある源《みなもとの》頼朝《よりとも》の墓《はか》。頼朝《よりとも》は1199（建久《けんきゅう》10）年《ねん》に落馬《らくば》が原因《げんいん》で亡《な》くなったとされている。

大倉幕府《おおくらばくふ》がかつてあった場所《ばしょ》に建《た》てられている旧蹟碑《きゅうせきひ》。源頼朝《みなもとのよりとも》は、ここを本拠地《ほんきょち》とした。

鎌倉幕府跡《かまくらばくふあと》と周辺地図《しゅうへんちず》

国土地理院地図を元に作成

鶴岡八幡宮《つるがおかはちまんぐう》はもとは、今《いま》の由比若宮《ゆいわかみや》の場所《ばしょ》にあったんだ！

鶴岡八幡宮《つるがおかはちまんぐう》の元《もと》になったことから「元八幡《もとはちまん》」とも呼《よ》ばれる由比若宮《ゆいわかみや》。

豆《まめ》知《ち》識《しき》

源 頼朝《みなもとのよりとも》が大倉《おおくら》で幕府《ばくふ》を開《ひら》いた後《あと》、幕府《ばくふ》の実権《じっけん》を北条氏《ほうじょうし》が握《にぎ》ると、幕府《ばくふ》は宇都宮辻子《うつのみやずし》へ移転《いてん》しました。これは、北条氏《ほうじょうし》の居館《きょかん》が近《ちか》かったからと考《かんが》えられています。さらに幕府《ばくふ》は、若宮大路《わかみやおおじ》へと移転《いてん》します。

17 湿地《しっち》でジメジメな鎌倉《かまくら》を源頼朝《みなもとのよりとも》が大改造《だいかいぞう》

古代《こだい》の鎌倉《かまくら》地域《ちいき》には、若宮大路《わかみやおおじ》のあたりまで海水《かいすい》が入《はい》り込《こ》んでいました。現在《げんざい》の海岸線《かいがんせん》が形成《けいせい》されたのは約《やく》2000年前《ねんまえ》の**弥生時代《やよいじだい》**とされており、今《いま》の中心市街地《ちゅうしんしがいち》の地盤《じばん》は河川《かせん》や海《うみ》の働《はたら》き（堆積作用《たいせきさよう》）によって形成《けいせい》された地層《ちそう》なので、**沼地《ぬまち》や湿地《しっち》が多《おお》かった**ようです。

鎌倉《かまくら》の中心地《ちゅうしんち》は平地《へいち》がとても狭《せま》い地域《ちいき》だったので、源頼朝《みなもとのよりとも》は**丘陵《きゅうりょう》の裾部《すそぶ》を切《き》り開《ひら》いて、低地《ていち》を埋《う》め、より多《おお》くの平坦地《へいたんち》を造成《ぞうせい》**する都市改造《としかいぞう》を推《お》し進《すす》めていきました。この結果《けっか》、山《やま》の保水力《ほすいりょく》が低下《ていか》してしまい、雨《あめ》が降《ふ》ると土砂《どしゃ》や水《みず》が市街地《しがいち》へと流入《りゅうにゅう》し、若宮大路《わかみやおおじ》のあたりはさらに道《みち》がぬかるんでいました。発掘調査《はっくつちょうさ》によると、**鎌《かま》倉《くら》駅《えき》付《ふ》近《きん》では約《やく》2m、鶴岡八幡宮《つるがおかはちまんぐう》でも約《やく》1・5mもの盛土《もりど》**がなされていたことがわかっており、街全体《まちぜんたい》で「ぬかるみ対策《たいさく》」に取《と》り組《く》んできた様子《ようす》がうかがえます。

頼朝《よりとも》は妻《つま》・政子《まさこ》の安産《あんざん》を祈願《きがん》し、北条《ほうじょう》時政《ときまさ》をはじめとする御家人《ごけにん》たちに**段葛《だんかずら》**の造営《ぞうえい》を命《めい》じたとされています。段葛《だんかずら》とは、ぬかるみを避《さ》けるために一段高《いちだんたか》くなっている鶴岡八幡宮《つるがおかはちまんぐう》の参道《さんどう》のことです。

鎌倉《かまくら》周辺《しゅうへん》の地形《ちけい》

国土地理院地図を元に作成

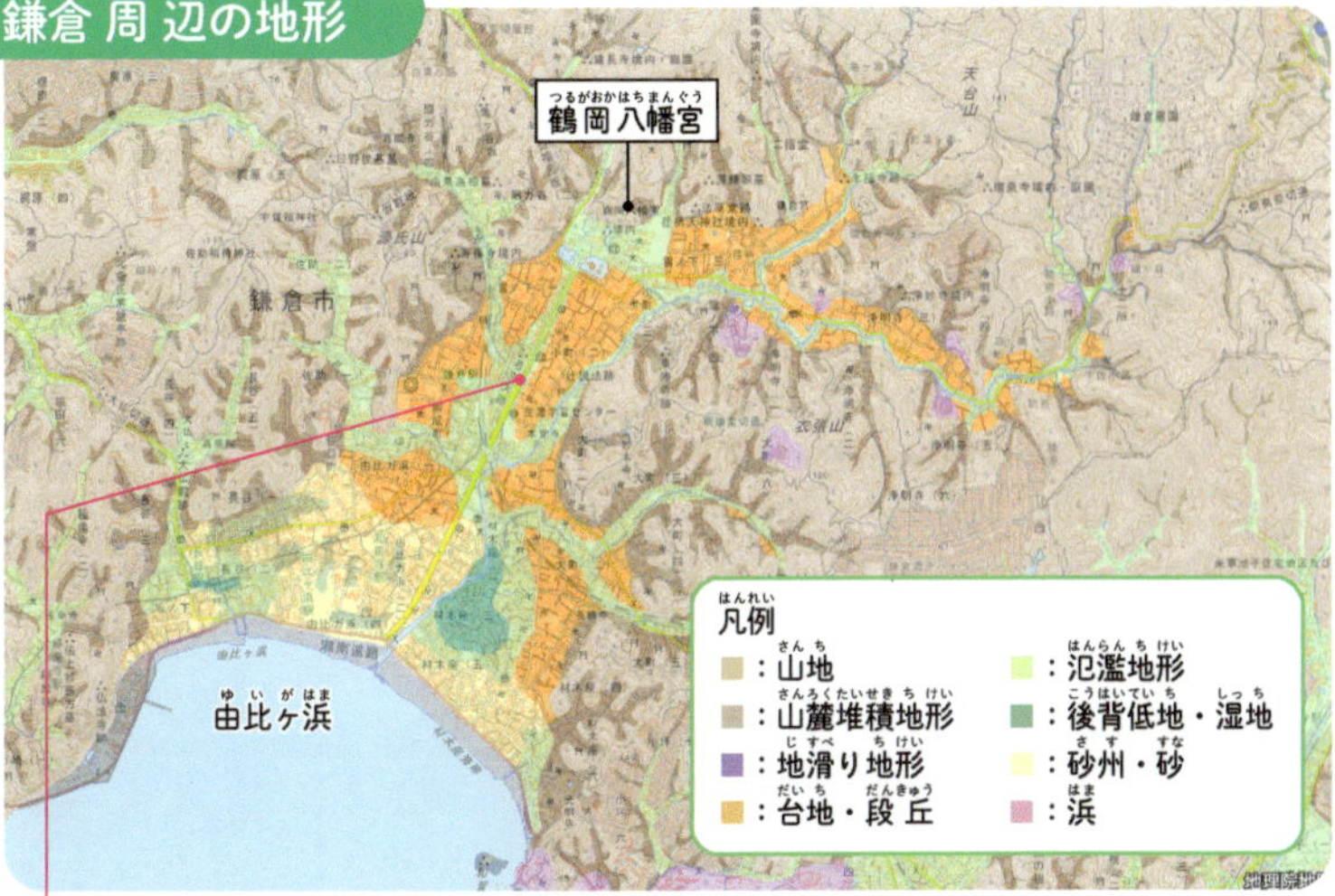

周囲《しゅうい》を山々《やまやま》に囲《かこ》まれた鎌倉《かまくら》の中心部《ちゅうしんぶ》は、さまざまな方向《ほうこう》から川《かわ》が流《なが》れ込《こ》んでおり、低《ひく》い場所《ばしょ》には水《みず》が溜《た》まり湿地《しっち》のような場所《ばしょ》が広《ひろ》がっていた。

鶴岡八幡宮《つるがおかはちまんぐう》へ向《む》かう参道《さんどう》・若宮大路《わかみやおおじ》につくられた「段葛《だんかずら》」。土砂《どしゃ》や水《みず》が流《なが》れ込《こ》んでぬかるんだ道《みち》を避《さ》けるために、車道《しゃどう》よりも一段高《いちだんたか》くなっている。

鶴岡八幡宮《つるがおかはちまんぐう》から見下《みお》ろすと、まっすぐ由《ゆ》比ヶ浜《いがはま》まで続《つづ》く若宮《わかみや》大路《おおじ》が見《み》える。

豆知識《まめちしき》

鎌倉幕府《かまくらばくふ》は禅宗《ぜんしゅう》の保護《ほご》と統制《とうせい》を目的《もくてき》に五山制度《ござんせいど》を始《はじ》めました。これは中国《ちゅうごく》の南宋《なんそう》にならった制度《せいど》で、臨済宗《りんざいしゅう》の建長寺《けんちょうじ》、円覚寺《えんがくじ》、寿福寺《じゅふくじ》、浄智寺《じょうちじ》、浄妙寺《じょうみょうじ》を「鎌倉五山《かまくらござん》」と位置《いち》づけました。

18 鎌倉時代《かまくらじだい》の書庫《しょこ》 金沢文庫《かねさわぶんこ》にはどんな本《ほん》があるの？

鎌倉幕府《かまくらばくふ》では、執権《しっけん》（将軍《しょうぐん》の補佐役《ほさやく》）を代々《だいだい》務《つと》めた北条氏《ほうじょうし》が政治《せいじ》の実権《じっけん》を握《にぎ》り、事実上《じじつじょう》の最高権力者《さいこうけんりょくしゃ》となりました。その分流《ぶんりゅう》に、金沢郷《かねさわごう》（現在《げんざい》の横浜市金沢区《よこはましかなざわく》）を治《おさ》めていた**金沢北条氏《かねさわほうじょうし》**があります。初代《しょだい》当主《とうしゅ》の**北条実時《ほうじょうさねとき》**は執権北条氏《しっけんほうじょうし》を補佐《ほさ》していましたが、モンゴル軍《ぐん》が日本《にほん》に攻《せ》めてきた文永《ぶんえい》の役《えき》（１２７４年《ねん》）のあとに政務《せいむ》を引退《いんたい》し、**金沢文庫《かねさわぶんこ》を創設《そうせつ》**しました。

金沢文庫《かねさわぶんこ》は**金沢北条氏《かねさわほうじょうし》が集《あつ》めた書物《しょもつ》を収蔵《しゅうぞう》した書庫《しょこ》**であり、武家《ぶけ》の文庫《ぶんこ》としては日本最古《にほんさいこ》のものとされています。当時《とうじ》の日《に》本《ほん》の中心地《ちゅうしんち》は京都《きょうと》であり、東国《とうごく》は文化的《ぶんかてき》に劣《おと》るとみなされていたので、金沢北条氏《かねさわほうじょうし》は学問《がくもん》や文化《ぶんか》を積極的《せっきょくてき》に取《と》り入《い》れていきました。かつて金沢文庫《かねさわぶんこ》があった場所《ばしょ》には現在《げんざい》、神奈川県立金沢文庫《かながわけんりつかなざわぶんこ》が建《た》てられ、現《げん》代《だい》の金沢文庫《かねさわぶんこ》の蔵書《ぞうしょ》を守《まも》っています。

金沢文庫《かねさわぶんこ》を代表《だいひょう》する蔵書《ぞうしょ》といえば**『文選《もんぜん》集注《しっちゅう》』**でしょう。６世紀頃《せいきごろ》に中国《ちゅうごく》で成立《せいりつ》した『文選《もんぜん》』という書籍《しょせき》への注釈書《ちゅうしゃくしょ》で、平安《へいあん》時代《じだい》に書《か》き写《うつ》されたものです。原本《げんぽん》は中国《ちゅうごく》にも残《のこ》っていません。とても貴重《きちょう》で、現在《げんざい》は国宝《こくほう》に指定《してい》されています。

現在《げんざい》の神奈川《かながわ》県立《けんりつ》金沢文庫《かなざわぶんこ》は、鎌倉時代《かまくらじだい》の貴重《きちょう》な資料《しりょう》の調査《ちょうさ》や研究《けんきゅう》を行《おこな》うほか、その成果《せいか》を公開展示《こうかいてんじ》している博物館《はくぶつかん》である。

国宝 北条実時像（称名寺所蔵 神奈川県立金沢文庫保管）絵はがき「金沢文庫の名宝」のうち『北条実時像』より転載

金沢文庫《かねさわぶんこ》を創設《そうせつ》した北条《ほうじょう》実時《さねとき》。

昔《むかし》は「かねさわぶんこ」とか「かねさわふみくら」と呼《よ》ばれていたよ

鎌倉幕府滅亡後《かまくらばくふめつぼうご》は、隣《となり》にある金沢北条氏《かねさわほうじょうし》の菩提寺《ぼだいじ》である称名寺《しょうみょうじ》が貴重《きちょう》な書物《しょもつ》の管理《かんり》を引《ひ》き継《つ》いだ。

豆知識《まめちしき》

江戸幕府《えどばくふ》を開《ひら》いた徳川家康《とくがわいえやす》は、金沢文庫《かねさわぶんこ》に収《おさ》められていた蔵書《ぞうしょ》の多《おお》くを江戸城内《えどじょうない》の紅葉山文庫《もみじやまぶんこ》に移《うつ》しました。家康《いえやす》の死後《しご》は将軍家《しょうぐんけ》と御三家《ごさんけ》に分配《ぶんぱい》されたこともあり、一部《いちぶ》は散逸《さんいつ》しているようです。

19 攻《せ》め落《お》とせない！ 鉄壁《てっぺき》の守《まも》りを誇《ほこ》った小田原城《おだわらじょう》

1495（明応《めいおう》4）年《ねん》、伊豆国《いずのくに》の**伊勢盛《いせもり》時《とき》（北条早雲《ほうじょうそううん》）**が大森氏《おおもりし》から小田原城《おだわらじょう》を奪《うば》い取《と》りました。この伊勢盛時《いせもりとき》を祖《そ》とする一《いち》族《ぞく》は、のちに北条氏《ほうじょうし》を名乗《なの》り、戦国時代《せんごくじだい》には関東地方《かんとうちほう》に一大勢力《いちだいせいりょく》を築《きず》くことになります。なお、鎌倉時代《かまくらじだい》に執権《しっけん》を務《つと》めた北条氏《ほうじょうし》とはつながりがないので、それと区別《くべつ》するために**後北条氏《ごほうじょうし》**とも呼《よ》ばれています。

後北条氏《ごほうじょうし》は小田原城《おだわらじょう》を本拠地《ほんきょち》とし、その整備《せいび》・改修《かいしゅう》を進《すす》めていきました。もっとも特徴的《とくちょうてき》なのは、**総構《そうがまえ》**という城郭施設《じょうかくしせつ》です。後北条氏《ごほうじょうし》は堀《ほり》を掘《ほ》ったり土塁《どるい》を築《きず》いたりして、小田原城《おだわらじょう》と城下町全体《じょうかまちぜんたい》を囲《かこ》いました。その囲《かこ》いの総延長《そうえんちょう》は**約《やく》9km**にも及《およ》び、現在《げんざい》の小田原市内《おだわらしない》をすっぽりと収《おさ》めるほどの大《おお》きさです。外敵《がいてき》から攻《せ》められた際《さい》にも、**総《そう》構《がまえ》の内側《うちがわ》では農業《のうぎょう》などが滞《とどこお》ることがなく自《じ》給自足《きゅうじそく》を営《いとな》むことができたので、長期間《ちょうきかん》にわたる籠城戦《ろうじょうせん》にも対応《たいおう》**できました。小田原《おだわら》城《じょう》は1561（永禄《えいろく》4）年《ねん》には越後国《えちごのくに》の上《うえ》杉謙信《すぎけんしん》、1569（永禄《えいろく》12）年《ねん》には甲斐国《かいのくに》の武田信玄《たけだしんげん》と、名《な》だたる戦国大名《せんごくだいみょう》に攻《せ》められて包囲《ほうい》されましたが、攻《せ》め落《お》とされることはなく、彼《かれ》らを退《しりぞ》けています。

小田原城《おだわらじょう》の総構略図《そうかまえりゃくず》

国土地理院地図を基図とし、小田原市の各種資料などを基に作成

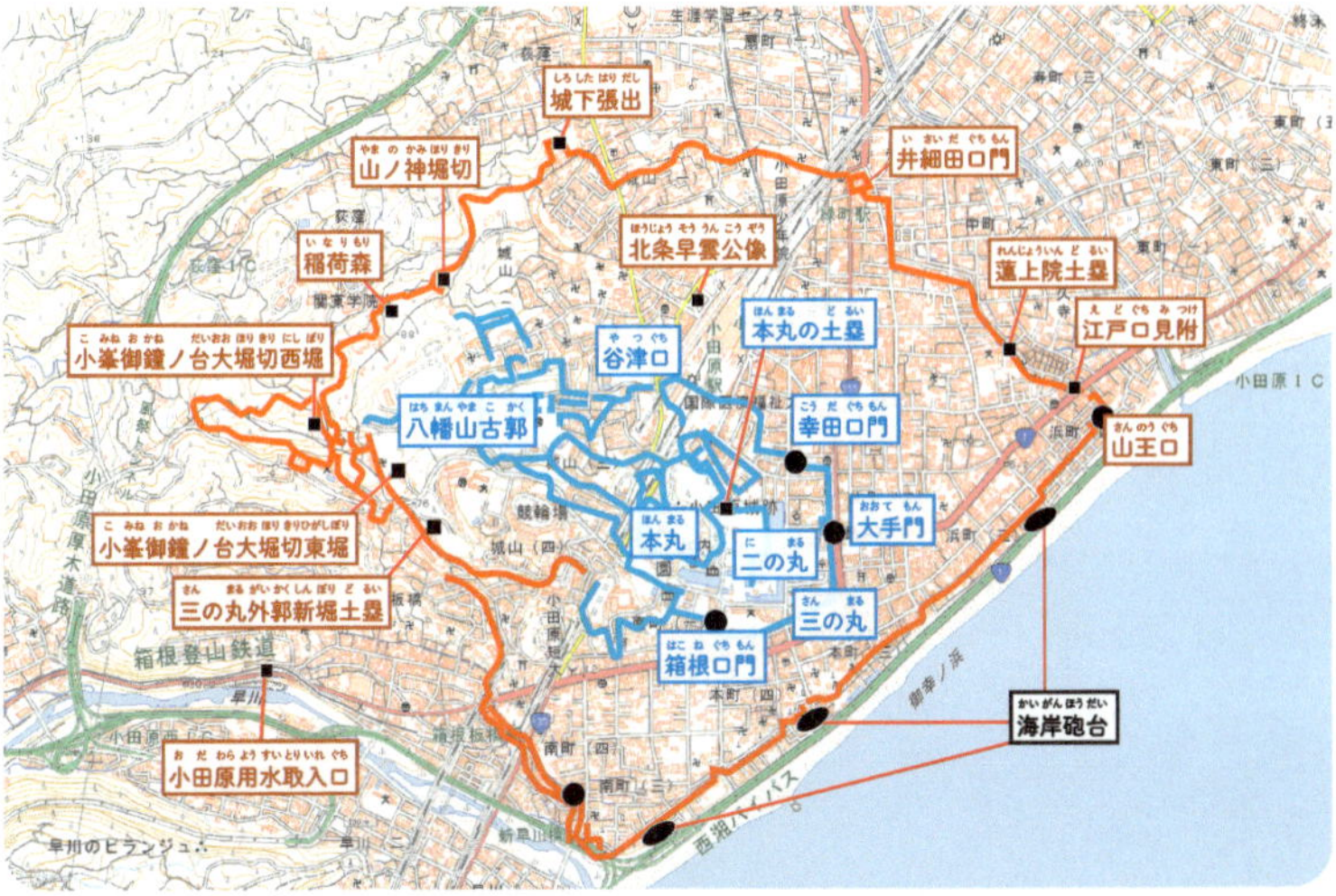

城《しろ》を中心《ちゅうしん》に城下《じょうか》をぐるりと堀《ほり》や土塁《どるい》で囲《かこ》み、敵《てき》の攻撃《こうげき》に備《そな》えた。

総構《そうがまえ》の全長《ぜんちょう》は約《やく》9㎞もあるのだよ

小田原駅西口駅前《おだわらえきにしぐちえきまえ》の北条早雲公像《ほうじょうそううんこうぞう》。

1960（昭和《しょうわ》35）年《ねん》に復元《ふくげん》された小田原城《おだわらじょう》の天守閣《てんしゅかく》。2016（平成《へいせい》28）年《ねん》までの平成《へいせい》の大改修《だいかいしゅう》で耐震《たいしん》補強《ほきょう》工事《こうじ》が行《おこな》われたほか、最上《さいじょう》階《かい》に武士《ぶし》の守護神《しゅごしん》である摩利支天《まりしてん》像《ぞう》を安置《あんち》する空間《くうかん》が再現《さいげん》された。

巨大《きょだい》な堀《ほり》と土塁《どるい》が残《のこ》る小峯御鐘《こみねおかね》ノ台《だい》大堀切東堀《おおほりきりひがしぼり》。

豆知識《まめちしき》

後北条氏《ごほうじょうし》は領内《りょうない》に多《おお》くの支城《しじょう》を築城《ちくじょう》しました。河越城《かわごえじょう》（埼玉県川越市《さいたまけんかわごえし》）、岩槻城《いわつきじょう》（埼玉県《さいたまけん》さいたま市《し》）、八王子城《はちおうじじょう》（東京都八王子市《とうきょうとはちおうじし》）などに一《いち》族《ぞく》を城主《じょうしゅ》として配置《はいち》し、城同士《しろどうし》を連携《れんけい》させて防衛網《ぼうえいもう》を構築《こうちく》しました。

20 豊臣秀吉《とよとみひでよし》が小田原《おだわら》にひと晩《ばん》でお城《しろ》を建《た》てたって本当《ほんとう》？

関白《かんぱく》になり事実上《じじつじょう》の天下人《てんかびと》となった豊臣秀吉《とよとみひでよし》は、惣無事令《そうぶじれい》（大名同士《だいみょうどうし》の私戦禁止命令《しせんきんしめいれい》）を出《だ》します。後北条氏《ごほうじょうし》はこれに違反《いはん》したとされ、1590（天正《てんしょう》18）年《ねん》、豊臣軍《とよとみぐん》の総攻撃《そうこうげき》を受《う》けました。この戦《たたか》いを**小田原征伐《おだわらせいばつ》**と呼《よ》びます。秀吉《ひでよし》は約《やく》20万人《まんにん》の兵《へい》を動員《どういん》し、小田原城《おだわらじょう》をはじめ関東《かんとう》の後北条氏《ごほうじょうし》の城《しろ》をいっせいに包囲《ほうい》しました。

難攻不落《なんこうふらく》の小田原城《おだわらじょう》を攻略《こうりゃく》するために、秀吉《ひでよし》は一計《いっけい》を案《あん》じます。小田原城《おだわらじょう》から南西《なんせい》約3kmの**笠懸山《かさがけやま》（小田原市早川《おだわらしはやかわ》）の山頂《さんちょう》に前線拠点《ぜんせんきょてん》の築城《ちくじょう》を命《めい》じた**のです。この城《しろ》は関東《かんとう》では初《はつ》の総石垣《そういしがき》を備《そな》えた近世城郭《きんせいじょうかく》で、のちには**石垣山城《いしがきやまじょう》**と呼《よ》ばれました。秀吉《ひでよし》は笠懸山《かさがけやま》の木《き》を伐採《ばっさい》せずに工事《こうじ》を進《すす》めさせ、築城《ちくじょう》していることを後北条氏《ごほうじょうし》に悟《さと》られないようにしました。

そして、わずか80日《にち》ほどの突貫工事《とっかんこうじ》で城《しろ》が完成《かんせい》すると、夜中《よなか》のうちに周囲《しゅうい》の木《き》を伐採《ばっさい》します。後北条氏《ごほうじょうし》からすると、まるで一夜《いちや》にして目《め》の前《まえ》に城《しろ》が現《あらわ》れたかのように映《うつ》ったでしょう。小田原城内《おだわらじょうない》の兵《へい》は戦意《せんい》を喪失《そうしつ》し、後北条氏《ごほうじょうし》は無血開城《むけつかいじょう》することになり、秀吉《ひでよし》は天下統一《てんかとういつ》を成《な》し遂《と》げました。

石垣山《いしがきやま》と小田原城《おだわらじょう》の位置《いち》

国土地理院地図を元に作成

石垣山一夜城《いしがきやまいちやじょう》から小田原市内《おだわらしない》を見下《みお》ろす。一夜城《いちやじょう》と小田原城《おだわらじょう》はわずか約3kmの距離《きょり》しかない。

石垣山《いしがきやま》からは小田原城《おだわらじょう》がよ〜っく見《み》えるぞ！

谷地形《たにちけい》になるところをふさぐように石垣《いしがき》を積《つ》み上《あ》げて井戸《いど》にした井戸曲輪《いどくるわ》。

築城当時《ちくじょうとうじ》の野面積《のづらづ》みの石垣《いしがき》がよく残《のこ》っている本城曲輪《ほんじょうくるわ》。

豆《まめ》知《ち》識《しき》

後北条氏《ごほうじょうし》の小机城《こづくえじょう》（横浜市港北区《よこはましこうほくく》）や茅ヶ崎城《ちがさきじょう》（横浜市都筑区《よこはましつづきく》）は小田原城《おだわらじょう》に主力《しゅりょく》を集《あつ》めていたので、早々《そうそう》に無血開城《むけつかいじょう》しました。そのおかげで城《しろ》は荒《あ》らされず、状態《じょうたい》のよい遺構《いこう》が残《のこ》されています。

21 江戸《えど》時代《じだい》の神奈川《かながわ》には人気観光《にんきかんこう》スポットがいっぱい

江戸《えど》時代《じだい》には、江戸《えど》の庶民《しょみん》のあいだで大《おお》山詣《やままい》りが大《だい》ブームになりました。

この「大山《おおやま》」とは、厚木市《あつぎし》・伊勢原市《いせはらし》と秦野市《はだのし》にまたがる標高《ひょうこう》1252mの山《やま》のことです。大山《おおやま》は古《ふる》くから信仰《しんこう》の対象《たいしょう》とされ、大山《おおやま》にある大山阿夫利神社《おおやまあふりじんじゃ》（伊勢原市《いせはらし》）では旧暦《きゅうれき》6月《がつ》27日《にち》から7月《がつ》17日《にち》に限《かぎ》り、奥《おく》の院《いん》の石尊大権現《せきそんだいごんげん》に参詣《さんけい》することができました。この期間《きかん》にお参《まい》りすることを「大山詣《おおやままい》り」といいます。

江戸《えど》時代《じだい》は、江戸《えど》への人《ひと》の出入《でい》りが厳《きび》しく制限《せいげん》されていたので、庶民《しょみん》は現在《げんざい》のように気軽《きがる》に旅行《りょこう》することはできませんでした。しかし、信仰目的《しんこうもくてき》なら許可《きょか》されたので、多《おお》くの人々《ひとびと》が大山詣《おおやままい》りに出《で》かけ、その途《と》中《ちゅう》で観光地《かんこうち》にも立《た》ち寄《よ》りました。とくに人《にん》気《き》があったのは藤沢宿《ふじさわしゅく》、江《え》の島《しま》、金沢八景《かなざわはっけい》でした。つまり大山詣《おおやままい》りは、庶民《しょみん》には信仰《しんこう》目的《もくてき》だけでなくレジャーでもあったので、年間《ねんかん》20万人《まんにん》が大山詣《おおやままい》りに訪《おとず》れました。

なお、江戸《えど》から大山《おおやま》への経路《けいろ》は赤坂御門《あかさかごもん》から渋谷《しぶや》、三軒茶屋《さんげんぢゃや》、二子玉川《ふたこたまがわ》、溝《みぞ》の口《くち》、荏田《えだ》、長津田《ながつた》、下鶴間《しもつるま》、国分《こくぶ》、厚木《あつぎ》、伊勢《いせ》原《はら》などを経《へ》る矢倉沢往還《やぐらさわおうかん》が有名《ゆうめい》でした。

横浜市中央図書館所蔵（一川芳員『武州金沢能見堂八景之画図』）

金沢八景《かなざわはっけい》

昔《むかし》は大《おお》きな湾《わん》や砂州《さす》があり、景色《けしき》の美《うつく》しい場所《ばしょ》として知《し》られていた。金沢《かなざわ》の８つの美《うつく》しい景色《けしき》「称名晩鐘《しょうみょうのばんしょう》」「乙舳帰帆《おっとものきはん》」「平潟落雁《ひらかたのらくがん》」「小泉 夜雨《こいずみのやう》」「洲崎晴嵐《すさきのせいらん》」「瀬戸秋月《せとのしゅうげつ》」「野島夕照《のじまのせきしょう》」「内川暮雪《うちかわのぼせつ》」を合《あ》わせて、金沢八景《かなざわはっけい》と名づけられた。

大山《おおやま》

別名《べつめい》「雨降山《あふりやま》」と呼《よ》ばれ、雨乞《あまご》いや五穀豊穣《ごこくほうじょう》、商売繁盛《しょうばいはんじょう》にご利益《りやく》があるとされ、「大山詣《おおやままい》り」で年間《ねんかん》20万人《まんにん》もの人々《ひとびと》が訪《おとず》れた。図《ず》は、参詣《さんけい》の前《まえ》に中腹《ちゅうふく》にある滝《たき》で身《み》を清《きよ》める人々《ひとびと》。

© シカゴ美術館（葛飾北斎『諸国瀧廻り 相州大山ろうべんの瀧』）

江戸時代《えどじだい》のおもな観光地《かんこうち》

国土地理院地図を元に作成

© シカゴ美術館（歌川広重『相州江之嶋弁才天開帳参詣群衆之図』）

江《え》の島《しま》

江戸《えど》から近《ちか》く、景色《けしき》も美《うつく》しい江《え》の島《しま》は人気《にんき》の観光地《かんこうち》で、江島神社《えのしまじんじゃ》にまつられている弁財天《べんざいてん》が歌《うた》や踊《おど》り、芸能《げいのう》の神様《かみさま》だったことから、芸能《げいのう》に携《たずさ》わる女性《じょせい》たちの信仰《しんこう》を集《あつ》めた。

豆知識《まめちしき》

大山詣《おおやままい》りに向《む》かう前《まえ》には、隅田川《すみだがわ》で水垢離《みずごり》（水《みず》を浴《あ》びて身《み》を清《きよ》める）をしました。そして翌日《よくじつ》、白《しろ》の浄衣《じょうえ》を着《き》て、木刀《ぼくとう》をもって江戸《えど》を発《た》ちました。このように大山詣《おおやままい》りにはルールがいくつもあったようです。

22

江戸《えど》時代《じだい》にできた東海道《とうかいどう》と神奈川《かながわ》の宿場《しゅくば》

東海道《とうかいどう》五《ご》十《じゅう》三次《さんつぎ》の宿場《しゅくば》

江戸《えど》の日本橋《にほんばし》と京都《きょうと》の三条大橋《さんじょうおおはし》を結《むす》ぶ東海道《とうかいどう》は、約《やく》500kmの間《あいだ》に53の宿場《しゅくば》が置《お》かれ、神奈川県域《かながわけんいき》には川崎《かわさき》、神奈川《かながわ》、保土ケ谷《ほどがや》、戸塚《とつか》、藤沢《ふじさわ》、平塚《ひらつか》、大磯《おおいそ》、小田原《おだわら》、箱根《はこね》の9つの宿場《しゅくば》があった。

1600（慶長《けいちょう》5）年、関ヶ原《せきがはら》の戦《たたか》いに勝利《しょうり》し、実質的《じっしつてき》な天下人《てんかびと》となった**徳川家康《とくがわいえやす》**は、本拠地《ほんきょち》である江戸《えど》を政治《せいじ》と経済《けいざい》の中心《ちゅうしん》地《ち》にするために、江戸《えど》と全国《ぜんこく》を結《むす》ぶ街道《かいどう》の整備《せいび》に着手《ちゃくしゅ》します。**日本橋《にほんばし》（東京都中央区《とうきょうとちゅうおうく》）を起点《きてん》に東海道《とうかいどう》、中山道《なかせんどう》、甲州街道《こうしゅうかいどう》、日光《にっこう》街道《かいどう》、奥州街道《おうしゅうかいどう》の五街道《ごかいどう》**が整備《せいび》され、江戸《えど》は日本《にほん》の中心地《ちゅうしんち》となっていきました。

なかでも日本橋《にほんばし》と三条大橋《さんじょうおおはし》（京都府京都《きょうとふきょうと》市《し》）を結《むす》ぶ東海道《とうかいどう》は、総延長《そうえんちょう》約《やく》500kmにもおよび、多《おお》くの人《ひと》と物《もの》が行《い》き交《か》う街道《かいどう》として重要視《じゅうようし》されました。1601（慶長《けいちょう》6）

69～71ページまでの宿場絵はすべて、歌川広重による『東海道五十三次（保永堂版）』（メトロポリタン美術館の所蔵）。

① 川崎《かわさき》

六郷川《ろくごうがわ》（多摩川《たまがわ》）を船《ふね》で渡《わた》って、川崎《かわさき》に向《む》かう旅人《たびびと》たち。江戸時代《えどじだい》の川崎《かわさき》は、江戸庶民《えどしょみん》の行楽《こうらく》地《ち》・川崎大師《かわさきだいし》へいく人々《ひとびと》で大《おお》いににぎわった。

② 神奈川《かながわ》

茶屋《ちゃや》が軒《のき》を連《つな》ねる坂《さか》の下《した》に広《ひろ》がる海《うみ》は、現在《げんざい》の横浜駅周辺《よこはまえきしゅうへん》。画面中央《がめんちゅうおう》に見《み》えるのは野毛山《のげやま》で、その左《ひだり》に横浜村《よこはまむら》が見える。

③ 保土ヶ谷《ほどがや》

江戸時代《えどじだい》は帷子川《かたびらがわ》に架《か》かる新町橋《しんまちばし》（帷子橋《かたびらばし》）を渡《わた》って保《ほ》土ヶ谷宿《どがやじゅく》に入《はい》った。現在《げんざい》は、天王町駅前《てんのうちょうえきまえ》に木製《もくせい》の旧帷子《きゅうかたびら》橋跡《ばしあと》が残《のこ》る。

年《ねん》には**品川宿《しながわじゅく》（東京都品川区《とうきょうとしながわく》）から大《おお》津宿《つじゅく》（滋賀県大津市《しがけんおおつし》）まで53の宿場《しゅくば》が制定《せいてい》されました。これを東海道五十三《とうかいどうごじゅうさん》次《つぎ》**といいます。

宿場《しゅくば》には旅人《たびびと》を休《やす》ませる以外《いがい》にも重《じゅう》要《よう》な役割《やくわり》がありました。**幕府公用《ばくふこうよう》の荷《に》物《もつ》や書状《しょじょう》を運搬《うんぱん》**することです。隣《となり》の宿場《しゅくば》から荷物《にもつ》や書状《しょじょう》が運《はこ》ばれてきたら、人《ひと》や馬《うま》を替《か》え、次《つぎ》の宿場《しゅくば》へと送《おく》りました。このときに用《もち》いた馬《うま》を**伝馬《てんま》**といい、この制《せい》度《ど》を**伝馬制《てんませい》**と呼《よ》びます。さらに大名《だいみょう》や公家《くげ》、勅使《ちょくし》、旗本《はたもと》、役人《やくにん》らが宿泊《しゅくはく》する施設《しせつ》として本陣《ほんじん》や脇本陣《わきほんじん》がつくられました。一般《いっぱん》の旅人《たびびと》が宿泊《しゅくはく》する施設《しせつ》は**旅籠《はたご》**といいます。

1604（慶長《けいちょう》9）年《ねん》には、主要《しゅよう》な街《かい》道《どう》に**一里塚《いちりづか》**が設《もう》けられ、移動《いどう》はさらに安《あん》

豆知識《まめちしき》

神奈川宿《かながわじゅく》は神奈川湊《かながわみなと》と東海道《とうかいどう》をもつ交通《こうつう》の要衝《ようしょう》でした。黒船来航後《くろふねらいこうご》、日本《にほん》が開国《かいこく》した直後《ちょくご》には、オランダ、イギリス、フランス、アメリカなどの領事館《りょうじかん》が神奈川宿《かながわじゅく》の近《ちか》くに置《お》かれました。

④ 戸塚《とつか》

朝早《あさはや》く日本橋《にほんばし》を出発《しゅっぱつ》して、夕方《ゆうがた》、戸塚《とつか》についた旅人《たびびと》たち。石灯籠《いしどうろう》の横《よこ》には「左《ひだ》りかまくら道《みち》」と彫《ほ》られた道《みち》しるべがある。

⑥ 平塚《ひらつか》

畦道《あぜみち》の先《さき》に見《み》えるのは高麗山《こまやま》、右《みぎ》の角《かく》張《ば》った山《やま》は大山《おおやま》、その間《あいだ》に雪《ゆき》をまとった白《しろ》い富士山《ふじさん》が見《み》える。

⑤ 藤沢《ふじさわ》

手前《てまえ》の鳥居《とりい》は江《え》の島《しま》の一《いち》ノ鳥居《とりい》。奥《おく》に見《み》えるのは遊行寺《ゆぎょうじ》で、大山詣《おおやままい》りに向《む》かう人《ひと》や江《え》の島参《しままい》りに向《む》かう人《ひと》などが行《い》き交《か》う。

全《ぜん》で快適《かいてき》になりました。

さて、神奈川県内《かながわけんない》の東海道沿《とうかいどうぞ》いには川崎《かわさき》、神奈川《かながわ》、保土ケ谷《ほどがや》、戸塚《とつか》、藤沢《ふじさわ》、平塚《ひらつか》、大磯《おおいそ》、小田原《おだわら》、箱根《はこね》と9つの宿場《しゅくば》が設《もう》けられました。まず神奈川《かながわ》など6宿《しゅく》があり、宿場《しゅくば》間《かん》の距離《きょり》が離《はな》れている場所《ばしょ》や難所《なんしょ》に新規《しんき》の宿《しゅく》や休憩所《きゅうけいじょ》（**間《あい》の宿《しゅく》**）があとでつくられていきました。**川崎宿《かわさきじゅく》**がそれに該当《がいとう》します。

もともと品川宿《しながわじゅく》の次《つぎ》は神奈川宿《かながわじゅく》でしたが、あまりに距離《きょり》が離《はな》れていたので、1623（元和《げんな》9）年《ねん》に川崎宿《かわさきじゅく》が誕生《たんじょう》しました。川崎宿《かわさきじゅく》の旅籠《はたご》の数《かず》は、ピーク時《じ》には神奈川県下《かながわけんか》で3番目《ばんめ》に多《おお》くなり、大《おお》いに発展《はってん》します。

神奈川宿《かながわじゅく》の近《ちか》くには将軍家《しょうぐんけ》の宿泊施設《しゅくはくしせつ》・神奈川御殿《かながわごてん》が設《もう》けられ、将軍《しょうぐん》が鷹狩《たかがり》をしたり、宿泊《しゅくはく》したりする際《さい》に利用《りよう》されました。

保土ケ谷宿《ほどがやじゅく》は、江戸《えど》を発《た》った旅人《たびびと》が最初《さいしょ》に

⑦ 大磯《おおいそ》

雨《あめ》のなか、宿場《しゅくば》の入《い》り口《ぐち》を示《しめ》す宿場境《しゅくばさかい》の杭《くい》と高札《こうさつ》の前《まえ》を通《とお》って、大磯宿《おおいそじゅく》に入《はい》る旅人《たびびと》。左《ひだり》に見《み》える松林《まつばやし》の向《む》こうは相模灘《さがみなだ》。

⑧ 小田原《おだわら》

宿場《しゅくば》の手前《てまえ》を流《なが》れる酒匂川《さかわがわ》を、川越人足《かわごしにんそく》で渡《わた》る人々《ひとびと》。右手《みぎて》の箱根《はこね》の山々《やまやま》の手前《てまえ》には小田原城《おだわらじょう》が描《えが》かれている。

⑨ 箱根《はこね》

東海道《とうかいどう》の難所《なんしょ》である箱根《はこね》の山《やま》。狭《せま》い峠道《とうげみち》を大名行列《だいみょうぎょうれつ》が進《すす》んでいる。左《ひだり》の芦《あし》ノ湖《こ》の先《さき》に富士山《ふじさん》が見《み》える。

宿泊《しゅくはく》する場所《ばしょ》として選《えら》ばれることが多《おお》かったのが特徴《とくちょう》です。

戸塚宿《とつかじゅく》には大小《だいしょう》75の旅籠《はたご》に本陣《ほんじん》2軒《けん》、脇本陣《わきほんじん》3軒《けん》があり、規模《きぼ》の大《おお》きな宿場町《しゅくばまち》でした。**藤沢宿《ふじさわしゅく》**は戦国時代《せんごくじだい》に後《ご》北条氏《ほうじょうし》が伝馬《てんま》を置《お》いた交通《こうつう》の要衝《ようしょう》で、江戸《えど》時代《じだい》中期《ちゅうき》以降《いこう》は大山詣《おおやままい》りの参詣客《さんけいきゃく》が数多《かずおお》く宿泊《しゅくはく》しました。**平塚宿《ひらつかじゅく》**と**大磯宿《おおいそじゅく》**は規模《きぼ》が小《ちい》さく、おもに休憩所《きゅうけいじょ》として用《もち》いられたようです。

小田原宿《おだわらじゅく》は箱根《はこね》の関所《せきしょ》を通過《つうか》する前《ぜん》後《ご》に多《おお》くの人《ひと》が宿泊《しゅくはく》しました。本陣《ほんじん》4軒《けん》、脇本陣《わきほんじん》4軒《けん》は東海道《とうかいどう》で最大《さいだい》の規模《きぼ》です。**箱根宿《はこねじゅく》**は1618（元和《げんな》4）年《ねん》に箱根峠《はこねとうげ》と箱根関所《はこねせきしょ》の間《あいだ》に設置《せっち》されました。標高《ひょうこう》725m地点《ちてん》にあり、宿場《しゅくば》の維持《いじ》は大変《たいへん》だったようです。

豆知識《まめちしき》

箱根《はこね》の関所《せきしょ》では、江戸《えど》へ武器《ぶき》を持《も》ち込《こ》ませないように監視《かんし》し、参勤交代《さんきんこうたい》で人質《ひとじち》として江戸《えど》に住《す》まわせていた大名《だいみょう》の妻女《さいじょ》が逃《に》げないように取《と》り締《し》まっていました。この方針《ほうしん》を「入《い》り鉄砲《でっぽう》に出女《でおんな》」といいます。

23 鎖国《さこく》の時代《じだい》に徳川家康《とくがわいえやす》の家来《けらい》になったイギリス人《じん》がいた？

1600（慶長《けいちょう》5）年《ねん》4月《がつ》19日《にち》、関ケ原《せきがはら》の戦《たたか》いが行《おこな》われる半年前《はんとしまえ》、臼杵湾《うすきわん》の黒島《くろしま》（大分県臼杵市《おおいたけんうすきし》）に一隻《いっせき》のオランダ船《せん》リーフデ号《ごう》が漂着《ひょうちゃく》しました。これに乗船《じょうせん》していたのが、イギリス出身《しゅっしん》の航海士《こうかいし》**ウィリアム・アダムス**です。豊臣政権《とよとみせいけん》で五大老《ごたいろう》の首座《しゅざ》にいた徳川家康《とくがわいえやす》は、リーフデ号《ごう》の乗船員《じょうせんいん》たちに対面《たいめん》し、江戸《えど》に招《まね》きました。

家康《いえやす》はアダムスの知識《ちしき》と経験《けいけん》を高《たか》く評価《ひょうか》し、**外交使節《がいこうしせつ》との交渉時《こうしょうじ》にはアダムスに通訳《つうやく》を任《まか》せる**など重用《ちょうよう》しました。さらに船《ふな》大工《だいく》の経験《けいけん》をもつ彼《かれ》に、**西洋式《せいようしき》の帆船《はんせん》の建《けん》造《ぞう》**を命《めい》じます。1604（慶長《けいちょう》9）年《ねん》、アダムスは伊東《いとう》の松川河口《まつかわかこう》（静岡県伊東市《しずおかけんいとうし》）で日本初《にほんはつ》の西洋式帆船《せいようしきはんせん》を完成《かんせい》させ、3年後《ねんご》には、外洋航海《がいようこうかい》が可能《かのう》な大型船《おおがたせん》サン・ブエナ・ベンツーラ号《ごう》を完成《かんせい》させました。この功績《こうせき》を称《たた》えられ、アダムスは家康《いえやす》から相模《さがみ》国逸見《くにへみ》（横須賀市《よこすかし》）に250石《こく》の領地《りょうち》と**三《み》浦按針《うらあんじん》**という日本名《にほんめい》を与《あた》えられます。

按針《あんじん》は1620（元和《げんな》6）年《ねん》に長崎《ながさき》の平《ひら》戸《ど》で亡《な》くなりました。現在《げんざい》、彼《かれ》の領地《りょうち》だった横須賀市西逸見《よこすかしにしへみ》の塚山公園《つかやまこうえん》には、按針夫《あんじんふ》妻《さい》の供養塔《くようとう》が建《た》てられています。

© 国際日本文化研究センター

ウィリアム・ダルトン著《ちょ》『ウィリアム・アダムス―日本《にほん》での最初《さいしょ》のイギリス人《じん》』の挿絵《さしえ》。アダムス（右《みぎ》）が駿府城《すんぷじょう》で家康《いえやす》に謁見《えっけん》する様子《ようす》。

長崎県《ながさきけん》の平戸《ひらど》に立《た》てられた三浦按針《みうらあんじん》の像《ぞう》。

そなたを旗本《はたもと》に
取《と》り立《た》てるぞ！

静岡県静岡市《しずおかけんしずおかし》の駿府城本丸跡《すんぷじょうほんまるあと》に立《た》つ徳川家康《とくがわいえやす》の像《ぞう》。

家康《いえやす》から三浦郡逸見村《みうらぐんへみむら》を与《あた》えられたアダムス。領地《りょうち》だった逸見《へみ》にある塚山公園《つかやまこうえん》には、アダムスの遺言《ゆいごん》によって本人《ほんにん》と妻《つま》の供養塔《くようとう》が残《のこ》されている。

提供：横須賀市

豆《まめ》知《ち》識《しき》

1609（慶長《けいちょう》14）年《ねん》に前《ぜん》フィリピン総督《そうとく》が遭難《そうなん》し上総国岩和田村《かずさのくにいわわだむら》（千葉県御宿町《ちばけんおんじゅくまち》）に漂着《ひょうちゃく》した際《さい》に、家康《いえやす》はサン・ブエナ・ベンツーラ号《ごう》を貸《か》し与《あた》えて帰国《きこく》させました。

24

江戸《えど》時代《じだい》に吉田新田《よしだしんでん》ができて横浜《よこはま》はどう変《か》わった？

現在《げんざい》の横浜市中区《よこはましなかく》から南区《みなみく》にかけての地《ち》域《いき》は、かつては入《い》り海《うみ》になっていました。この湾口《わんこう》は砂州《さす》が横《よこ》に延《の》びており、沿岸《えんがん》の村《むら》は**横浜村《よこはまむら》**と呼《よ》ばれていました。ここに塩《えん》田《でん》を開《ひら》いたり、少《すく》ない耕作地《こうさくち》で畑作《はたさく》をやったりしていたようです。江戸《えど》の材木商《ざいもくしょう》・**吉《よし》田勘兵衛《だかんべえ》**は、この入《い》り海《うみ》を埋《う》め立《た》てれば、新田《しんでん》を開発《かいはつ》できると目《め》をつけました。

１６５６（明暦《めいれき》２）年《ねん》、勘兵衛《かんべえ》は江戸幕《えどばく》府《ふ》から許可《きょか》を得《え》て、**入《い》り海《うみ》の埋《う》め立《た》てと新《しん》田開発《でんかいはつ》に着手《ちゃくしゅ》**します。大岡川《おおおかがわ》と中村川《なかむらがわ》に囲《かこ》まれた地域《ちいき》を堤防《ていぼう》で囲《かこ》み、海水《かいすい》を干上《ひあ》がらせる干拓事業《かんたくじぎょう》を始《はじ》めますが、翌年《よくねん》の集《しゅう》中豪雨《ちゅうごうう》で川《かわ》が氾濫《はんらん》して工事《こうじ》は中断《ちゅうだん》してしまいました。そのような苦難《くなん》を乗《の》り越《こ》え、１６６７（寛文《かんぶん》７）年《ねん》に新田《しんでん》は完成《かんせい》します。当初《とうしょ》は「野毛新田《のげしんでん》」という名前《なまえ》でしたが、４代将軍《だいしょうぐん》・家綱《いえつな》が吉田勘兵衛《よしだかんべえ》の名前《なまえ》を取《と》って**吉田新田《よしだしんでん》**と改名《かいめい》しました。吉田新《よしだしん》田《でん》の面積《めんせき》は約《やく》35万坪《まんつぼ》で、その８割《わり》が水田《すいでん》となり、石高《こくだか》は１０３８石《こく》でした。

新田開発《しんでんかいはつ》は江戸時代末期《えどじだいまっき》まで続《つづ》き、**横浜《よこはま》新田《しんでん》**（横浜中華街付近《よこはまちゅうかがいふきん》）や**太田屋新田《おおたやしんでん》**（横《よこ》浜《はま》スタジアム周辺《しゅうへん》）なども誕生《たんじょう》します。

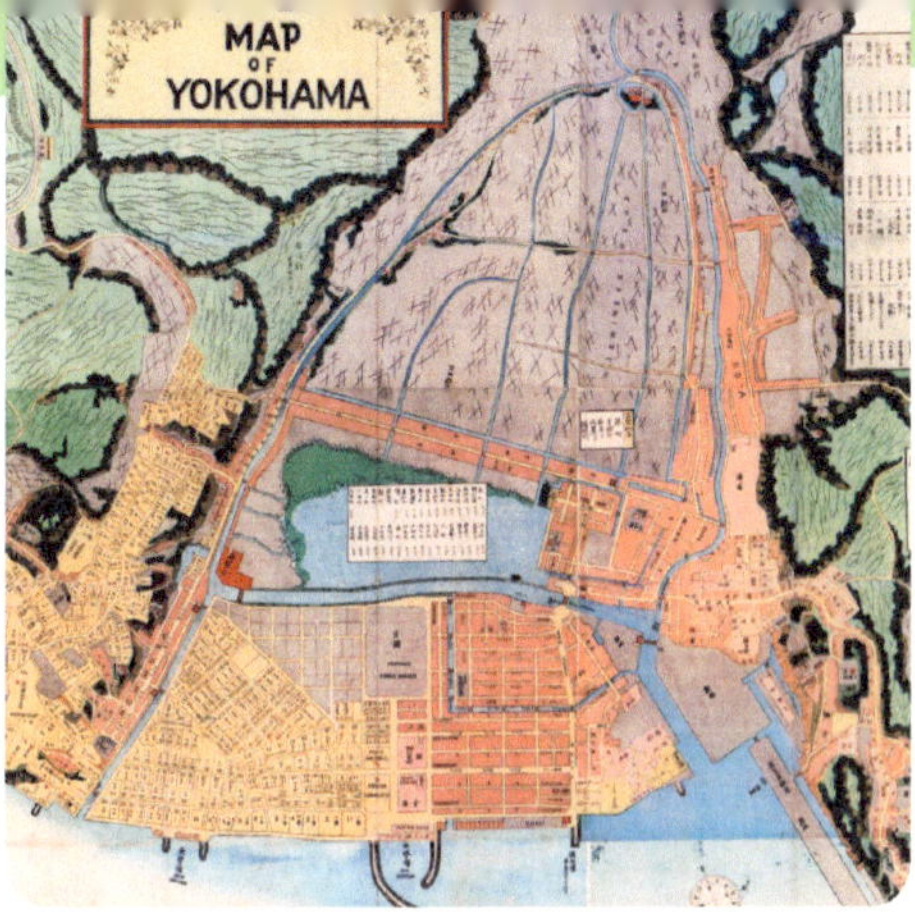

新鐫横浜全図《しんせんよこはまぜんず》 随時改刻《ずいじかいこく》

1870（明治《めいじ》3）年《ねん》に発行《はっこう》された絵地図《えちず》。画面中央《がめんちゅうおう》の釣鐘《つりがね》の形《かたち》をしているのが吉田新田《よしだしんでん》だ。

横浜市中央図書館所蔵

吉田新田《よしだしんでん》と向《む》かいの野毛町《のげちょう》との間《あいだ》に、1859（安政《あんせい》6）年《ねん》に架《か》けられた都橋《みやこばし》からの景色《けしき》。右《みぎ》に見《み》えるのは野毛都橋商店街《のげみやこばししょうてんがい》ビル。

吉田新田《よしだしんでん》（赤枠内《あかわくない》）周辺《しゅうへん》

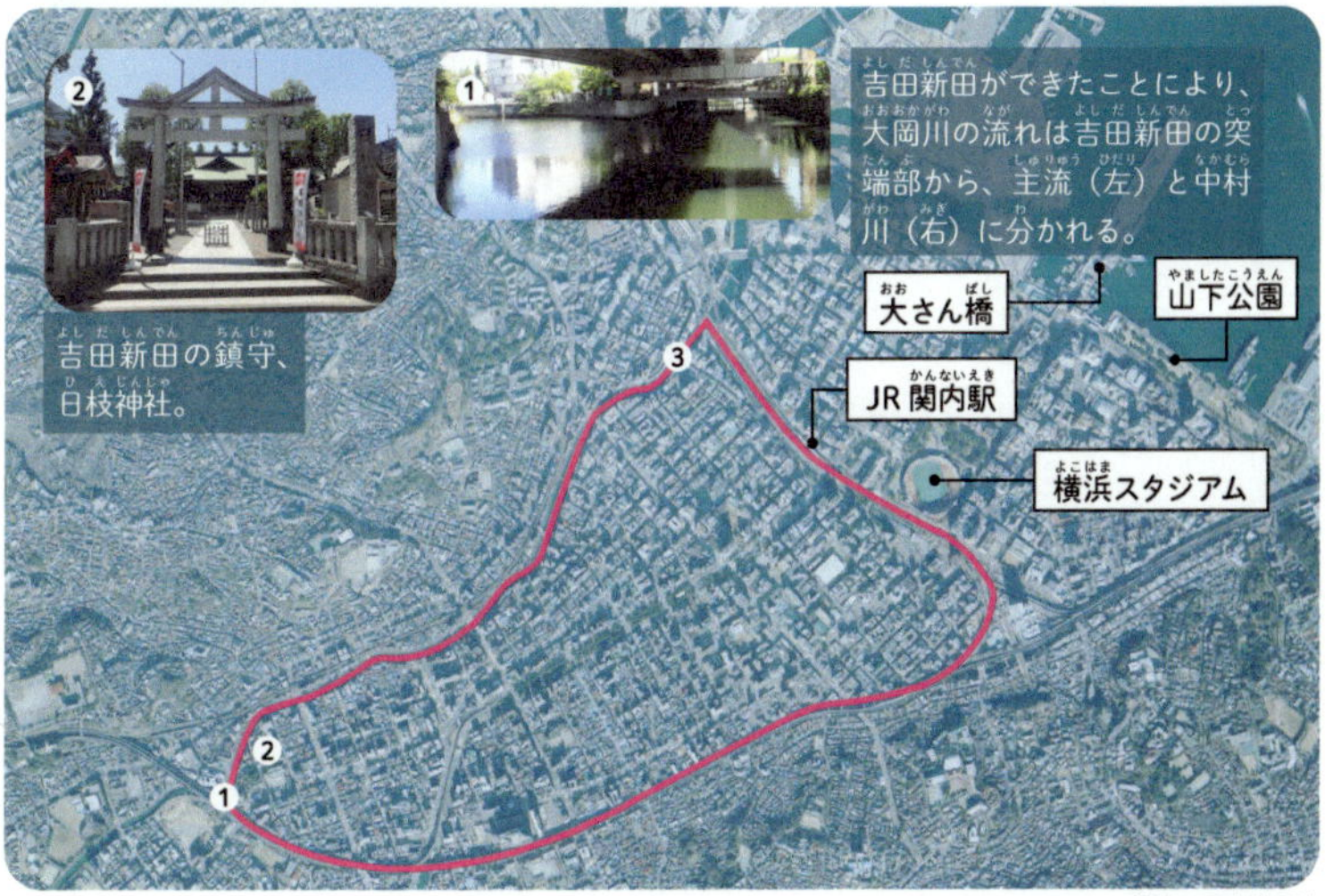

吉田新田《よしだしんでん》の鎮守《ちんじゅ》、日枝神社《ひえじんじゃ》。

吉田新田《よしだしんでん》ができたことにより、大岡川《おおおかがわ》の流《なが》れは吉田新田《よしだしんでん》の突端部《とったんぶ》から、主流《しゅりゅう》（左《ひだり》）と中村川《なかむらがわ》（右《みぎ》）に分《わ》かれる。

撮影：国土地理院

豆《まめ》知《ち》識《しき》

吉田勘兵衛《よしだかんべえ》は、吉田新田《よしだしんでん》の鎮守《ちんじゅ》として日枝神社《ひえじんじゃ》（横浜市南区《よこはましみなみく》）を創建《そうけん》しました。新田開発《しんでんかいはつ》が豪雨《ごうう》で頓挫《とんざ》した際《さい》、お三《さん》という女性《じょせい》が人柱《ひとばしら》になったとの伝説《でんせつ》が生《う》まれたので、お三《さん》の宮日枝神社《みやひえじんじゃ》とも呼《よ》ばれています。

25 黒船《くろふね》に乗《の》ってきたペリーを久里浜《くりはま》に上陸《じょうりく》させたのはなぜ？

1853（嘉永《かえい》6）年《ねん》6月《がつ》、**マシュー・ペリー提督《ていとく》**の率《ひき》いる4隻《せき》のアメリカ艦隊《かんたい》が浦賀沖《うらがおき》に姿《すがた》を現《あらわ》しました。いわゆる**黒船来航《くろふねらいこう》**です。ペリーはアメリカ大統領《だいとうりょう》ミラード・フィルモアの国書《こくしょ》を携《たずさ》えており、**鎖国中《さこくちゅう》の徳川幕府《とくがわばくふ》に、開国《かいこく》を要求《ようきゅう》**しました。ペリー艦隊《かんたい》は空砲《くうほう》を放《はな》ったり、上陸《じょうりく》に備《そな》えて江戸《えど》湾《わん》（東京湾《とうきょうわん》）の測量《そくりょう》を開始《かいし》したりして、幕《ばく》府《ふ》に圧力《あつりょく》をかけていきます。

幕府《ばくふ》の老中首座《ろうじゅうしゅざ》・阿部正弘《あべまさひろ》は、やむなくペリーから国書《こくしょ》を受《う》け取《と》る決意《けつい》をしますが、そのまま江戸《えど》に上陸《じょうりく》させたら江戸市中《えどしちゅう》が混《こん》乱《らん》に陥《おちい》るのではないかと心配《しんぱい》したようです。そこで、妥協案《だきょうあん》として**三浦半島《みうらはんとう》の久里浜《くりはま》**への上陸《じょうりく》を許可《きょか》することにしました。

この際《さい》に幕府《ばくふ》は、12代将軍《だいしょうぐん》・家慶《いえよし》が病《びょう》気《き》なので返答《へんとう》までに1年間《ねんかん》の猶予《ゆうよ》がほしいと求《もと》めました。その結果《けっか》、ペリーはいったんは江戸湾《えどわん》から離《はな》れますが、わずか半年後《はんとしご》の1854（嘉永《かえい》7）年《ねん》1月《がつ》、今度《こんど》は9隻《せき》を率《ひき》いて**浦賀《うらが》に再来訪《さいらいほう》**します。このときは下田《しもだ》（静岡県下田市《しずおかけんしもだし》）に上陸《じょうりく》させました。結局《けっきょく》、日本側《にほんがわ》に不利《ふり》な条件《じょうけん》で、同年《どうねん》3月《がつ》に**日米和親条約《にちべいわしんじょうやく》**を締結《ていけつ》するのでした。

横浜開港資料館所蔵

ペリー一行《いっこう》が久里浜《くりはま》に上陸《じょうりく》したときの様子《ようす》。幕府《ばくふ》は、久里浜海岸《くりはまかいがん》に急《きゅう》きょ応接所《おうせつじょ》を設《もう》け、ここで国書《こくしょ》を受《う》け取《と》った。

黒船来航《くろふねらいこう》の様子《ようす》を再現《さいげん》したジオラマ。ペリー上陸《じょうりく》を記念《きねん》したペリー公園内《こうえんない》にあるペリー記念館《きねんかん》で見《み》ることができる。

アメリカから日本に到着《とうちゃく》するまで、半年《はんとし》以上《いじょう》もかかったんだ

提供：横須賀市

ペリーが日本《にほん》にやってくるまでの道《みち》のり

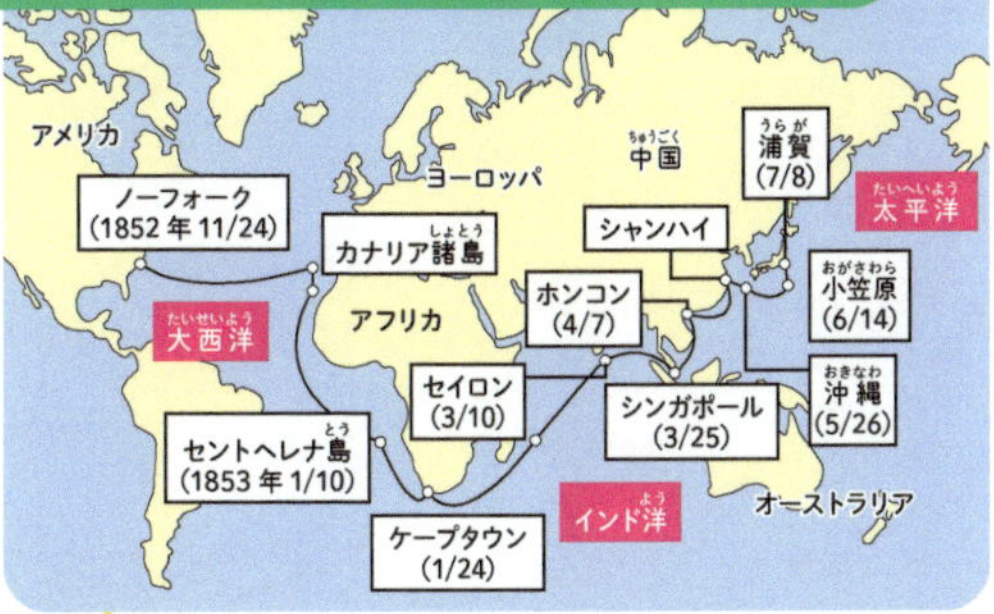

ペリーを乗《の》せた黒船《くろふね》は、アメリカの東海岸《ひがしかいがん》ノーフォークを出航《しゅっこう》し、アフリカ大陸《たいりく》を南下《なんか》。ケープタウンを経由《けいゆ》して、インド洋《よう》を東《ひがし》に進《すす》み、中国《ちゅうごく》から沖縄《おきなわ》、小笠原諸島《おがさわらしょとう》を経《へ》て、浦賀湾《うらがわん》にやってきた。

豆《まめ》知《ち》識《しき》

下田《しもだ》では付録下田条約《ふろくしもだじょうやく》が締結《ていけつ》され、玉泉寺《ぎょくせんじ》と了仙寺《りょうせんじ》（いずれも下田市《しもだし》）が米人休息所《べいじんきゅうそくじょ》に指定《してい》されました。1856（安政《あんせい》3）年《ねん》に初代米国《しょだいべいこく》総領事《そうりょうじ》として来日《らいにち》したタウンゼント・ハリスも玉泉寺《ぎょくせんじ》に入《はい》ります。

26 さみしい漁村《ぎょそん》だった横浜《よこはま》が開港《かいこう》の地《ち》になったわけ

徳川幕府《とくがわばくふ》の鎖国政策《さこくせいさく》では、長崎《ながさき》の出島《でじま》に限《かぎ》り、オランダと明国《みんこく》との貿易《ぼうえき》が許可《きょか》されていました。しかし、黒船来航《くろふねらいこう》以来《いらい》、幕府《ばくふ》はアメリカとなし崩《くず》し的《てき》に交流《こうりゅう》するようになり、1858（安政《あんせい》5）年《ねん》には総領事《そうりょうじ》タウンゼント・ハリスを通《つう》じて**日米修好通商《にちべいしゅうこうつうしょう》条約《じょうやく》**を結《むす》びます。すると、オランダ、ロシア、イギリス、フランスとも修好通商条約《しゅうこうつうしょうじょうやく》を締《てい》結《けつ》するようになりました。これらを**安政《あんせい》の五《ご》カ国条約《こくじょうやく》**と呼《よ》びます。

さらにハリスは、神奈川湊《かながわみなと》の開港《かいこう》を求《もと》めました。しかし幕府《ばくふ》は、往来《おうらい》の多《おお》い東海道《とうかいどう》沿《ぞ》いでは周囲《しゅうい》に混乱《こんらん》を招《まね》くことを心配《しんぱい》し、**東海道《とうかいどう》から少《すこ》し離《はな》れた横浜《よこはま》を開港《かいこう》の場《ば》**にしようと考《かんが》えたのです。こうして幕府《ばくふ》は約《やく》9万両《まんりょう》の費用《ひよう》を投《とう》じ、小《ちい》さな漁村《ぎょそん》だった横《よこ》浜村《はまむら》に国際港《こくさいこう》を建設《けんせつ》します。もともと横浜《よこはま》村《むら》に住《す》んでいた人々《ひとびと》は別《べつ》の場所《ばしょ》に移住《いじゅう》させました（現在《げんざい》の元町《もとまち》）。さらに横浜港付近《よこはまこうふきん》に外国人居留地《がいこくじんきょりゅうち》をつくり、周囲《しゅうい》を囲《かこ》って関《せき》所《しょ》を設置《せっち》しました。このため、この地域《ちいき》は「関内《かんない》（関所《せきしょ》の内側《うちがわ》）」と呼《よ》ばれるようになりました。やがて1859（安政《あんせい》6）年《ねん》6月2日《がつふつか》、横浜港《よこはまこう》が開港《かいこう》します。

所蔵：国立国会図書館

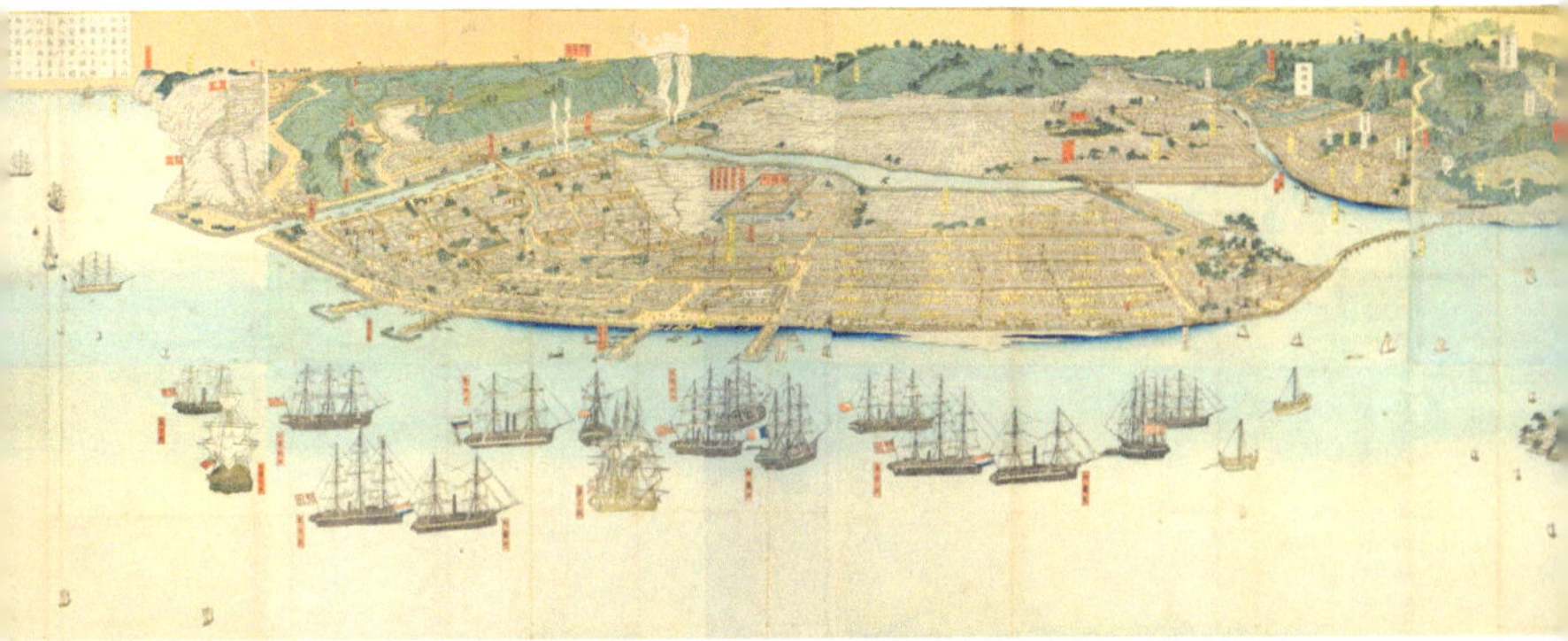

1866（慶応《けいおう》2）年《ねん》に描《えが》かれた「御開港横浜之全図《ごかいこうよこはまのぜんず》（部分《ぶぶん》）」。アメリカ、イギリス、オランダ、ロシア、フランスの船《ふね》や漁船《ぎょせん》など、多《おお》くの船《ふね》が行《い》き交《か》う様子《ようす》が描《えが》かれている。

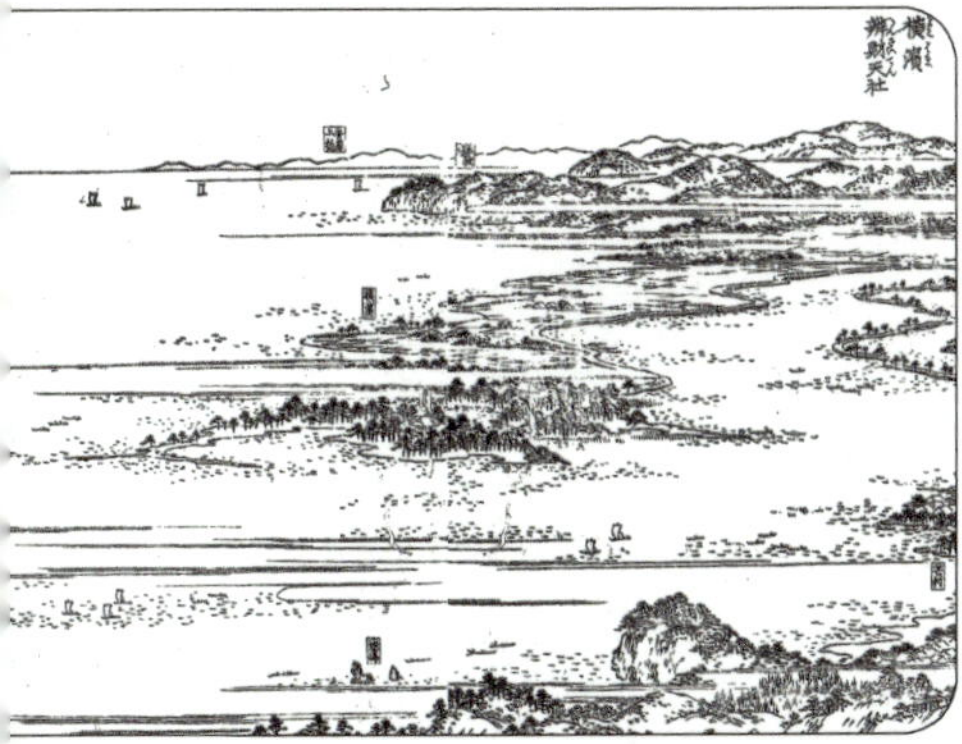

横浜《よこはま》が開港《かいこう》する前《まえ》に描《えが》かれた「江戸名所図会《えどめいしょずえ》 横浜《よこはま》弁財天社《べんざいてんしゃ》」。中央《ちゅうおう》の横浜《よこはま》弁財天社《べざいてんしゃ》の少《すこ》し上《うえ》が横浜《よこはま》。

所蔵：国立国会図書館

海外《かいがい》からの豪華《ごうか》客船《きゃくせん》もやってくる現在《げんざい》の大《おお》さん橋《ばし》。

豆知識《まめちしき》

開港予定《かいこうよてい》の横浜港《よこはまこう》は交通《こうつう》の便《べん》が悪《わる》かったので、港《みなと》と東海道《とうかいどう》を短距離《たんきょり》で接続《せつぞく》する横浜道《よこはまみち》が整備《せいび》されました。工事開始《こうじかいし》は開港《かいこう》のわずか３カ月前《げつまえ》で、突貫工事《とっかんこうじ》で進《すす》められ、開通《かいつう》は何《なん》と開港前日《かいこうぜんじつ》でした。

27 多摩《たま》も含《ふく》まれていた 神奈川県《かながわけん》が今《いま》の姿《すがた》になるまで

現在《げんざい》の神奈川県域《かながわけんいき》には、幕末《ばくまつ》に小田原藩《おだわらはん》、荻野山中藩《おぎのやまなかはん》、金沢藩《かなざわはん》があり、そのほかに幕府直轄領《ばくふちょっかつりょう》や旗本知行地《はたもとちぎょうち》、寺社《じしゃ》の御朱印地《ごしゅいんち》がありました。明治維新《めいじいしん》のあと、明治新政府《めいじしんせいふ》の地方行政制度《ちほうぎょうせいせいど》は府藩県三治制《ふはんけんさんちせい》といって、まだ大名支配《だいみょうしはい》の藩《はん》も残《のこ》っており、旧相模国《きゅうさがみのくに》には小田原県《おだわらけん》、神奈川県《かながわけん》、荻野山中藩《おぎのやまなかはん》、六浦藩《むつらはん》（旧金沢藩《きゅうかなざわはん》）と、4つの行政区分《ぎょうせいくぶん》が存在《そんざい》していました。

1871（明治《めいじ》4）年《ねん》、明治政府《めいじせいふ》は藩《はん》を廃止《はいし》する廃藩置県《はいはんちけん》を行《おこな》い、これら4つは神奈川県《かながわけん》と小田原県《おだわらけん》に統合《とうごう》されます。さらに同年《どうねん》、旧武蔵国《きゅうむさしのくに》の三多摩地域《さんたまちいき》（南多摩郡《みなみたまぐん》、北多摩郡《きたたまぐん》、西多摩郡《にしたまぐん》）が神奈川県《かながわけん》に移《うつ》され、伊豆半島《いずはんとう》の韮山県《にらやまけん》が小田原県《おだわらけん》に吸収《きゅうしゅう》されました。また、小田原県《おだわらけん》は足柄県《あしがらけん》に改名《かいめい》し、旧相模国《きゅうさがみのくに》・伊豆国《いずのくに》の地域《ちいき》には神奈川県《かながわけん》と足柄県《あしがらけん》の2県《けん》が成立《せいりつ》しました。

さらに1876（明治《めいじ》9）年《ねん》、足柄県北部《あしがらけんほくぶ》が神奈川県《かながわけん》に編入《へんにゅう》され、足柄県《あしがらけん》は廃止《はいし》されます。このとき旧韮山県地域《きゅうにらやまけんちいき》は静岡県《しずおかけん》へ編入《へんにゅう》されました。そして1893（明治《めいじ》26）年《ねん》、多摩《たま》の3郡《ぐん》が東京府《とうきょうふ》へと移管《いかん》され、現在《げんざい》の神奈川県域《かながわけんいき》が確定《かくてい》しました。

廃藩置県《はいはんちけん》から神奈川県域《かながわけんいき》が確定《かくてい》するまで

1 旧相模国《きゅうさがみのくに》の小田原県《おだわらけん》と神奈川県《かながわけん》のふたつになる。

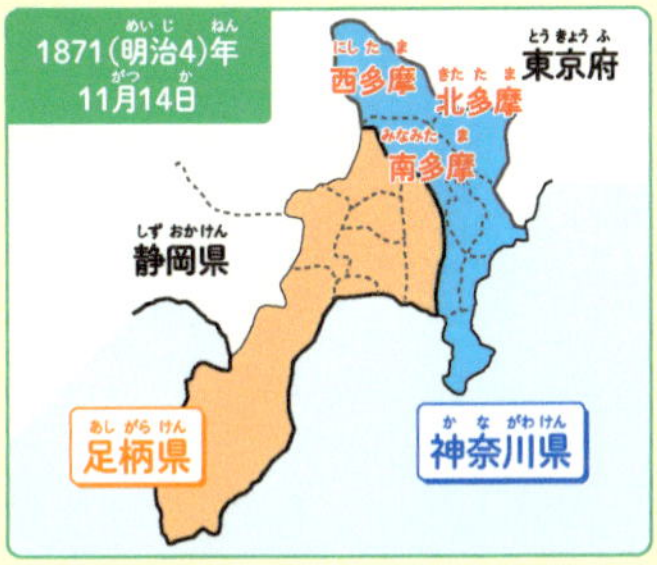

2 伊豆半島《いずはんとう》を含《ふく》めた足柄県《あしがらけん》と多摩《たま》を含《ふく》む神奈川県《かながわけん》に分《わ》けられる。

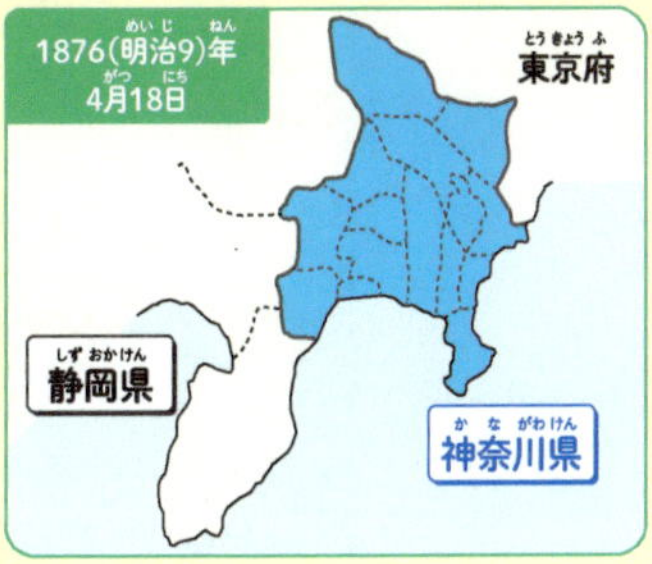

3 足柄県《あしがらけん》の旧相模国《きゅうさがみのくに》の範囲《はんい》が神奈川県《かながわけん》に含《ふく》まれる。

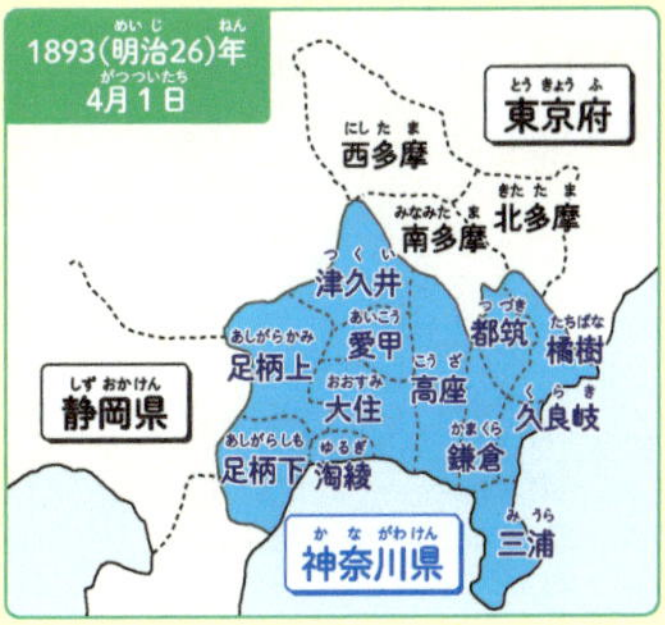

4 西多摩《にしたま》、北多摩《きたたま》、南多摩《みなみたま》が東京府《とうきょうふ》に移管《いかん》され、現在《げんざい》の姿《すがた》になる。

トランプのキングにたとえられ「キングの塔《とう》」の愛称《あいしょう》で親《した》しまれている現在《げんざい》の神奈川県庁本庁舎《かながわけんちょうほんちょうしゃ》。

豆知識《まめちしき》

明治政府《めいじせいふ》は全国《ぜんこく》の旧幕府直轄領《きゅうばくふちょっかつりょう》に裁判所《さいばんしょ》を設置《せっち》し、それが現在《げんざい》の県名《けんめい》や県庁所在地《けんちょうしょざいち》になっています。旧相模国《きゅうさがみのくに》には「横浜裁判所《よこはまさいばんしょ》」が設置《せっち》されたので、「横浜県《よこはまけん》」になっていた可能性《かのうせい》もあったようです。

28 横浜市《よこはまし》の中区《なかく》に日本最大《にほんさいだい》の中華街《ちゅうかがい》ができたのはなぜ？

横浜港《よこはまこう》が開港《かいこう》すると、日本人《にほんじん》と西洋人《せいようじん》の間《あいだ》で交易《こうえき》が始《はじ》まりますが、言葉《ことば》の問題《もんだい》がありました。そこで活躍《かつやく》したのが、上海《シャンハイ》や香《ホン》港《コン》の外国商館《がいこくしょうかん》で働《はたら》いていた**中国人商人《ちゅうごくじんしょうにん》**です。彼《かれ》らは西洋《せいよう》の言葉《ことば》が話《はな》せるうえに、日《に》本人《ほんじん》とも漢字《かんじ》を使《つか》って筆談《ひつだん》できたので、商《しょう》取引《とりひき》の現場《げんば》で重要《じゅうよう》な役割《やくわり》を担《にな》いました。そのため、欧米商人《おうべいしょうにん》とともに、中国人《ちゅうごくじん》も横《よこ》浜《はま》に進出《しんしゅつ》してきたのです。

中国人《ちゅうごくじん》たちは、横浜新田《よこはましんでん》の居留地《きょりゅうち》を好《この》んで居住《きょじゅう》しました。その理由《りゆう》のひとつとして、方位《ほうい》が挙《あ》げられます。横浜《よこはま》の街路《がいろ》は海岸線《かいがんせん》に合《あ》わせていたので東西南北《とうざいなんぼく》に沿《そ》っていませんでした。このため地図《ちず》で見《み》ると横浜《よこはま》は斜《なな》めになっているのですが、**横浜新田《よこはましんでん》の街《がい》路《ろ》は東西南北《とうざいなんぼく》に沿《そ》っていたので、風水《ふうすい》を重《おも》んじる中国人《ちゅうごくじん》に好《この》まれた**ようです。

やがて劇場《げきじょう》と料理店《りょうりてん》を兼《か》ねた会芳楼《かいほうろう》や、関帝廟《かんていびょう》などが建《た》てられ、現在《げんざい》の中華街《ちゅうかがい》の基《き》礎《そ》が築《きず》かれていきました。終戦後《しゅうせんご》、戦勝国《せんしょうこく》の中華民国《ちゅうかみんこく》から物資輸送《ぶっしゆそう》を受《う》けた**横浜中《よこはまちゅう》華街《かがい》**は、早《はや》くから飲食店《いんしょくてん》の営業《えいぎょう》を始《はじ》めて復興《ふっこう》のシンボルとなり、現在《げんざい》でも〝食《しょく》の街《まち》〟として親《した》しまれています。

横浜市中央図書館所蔵

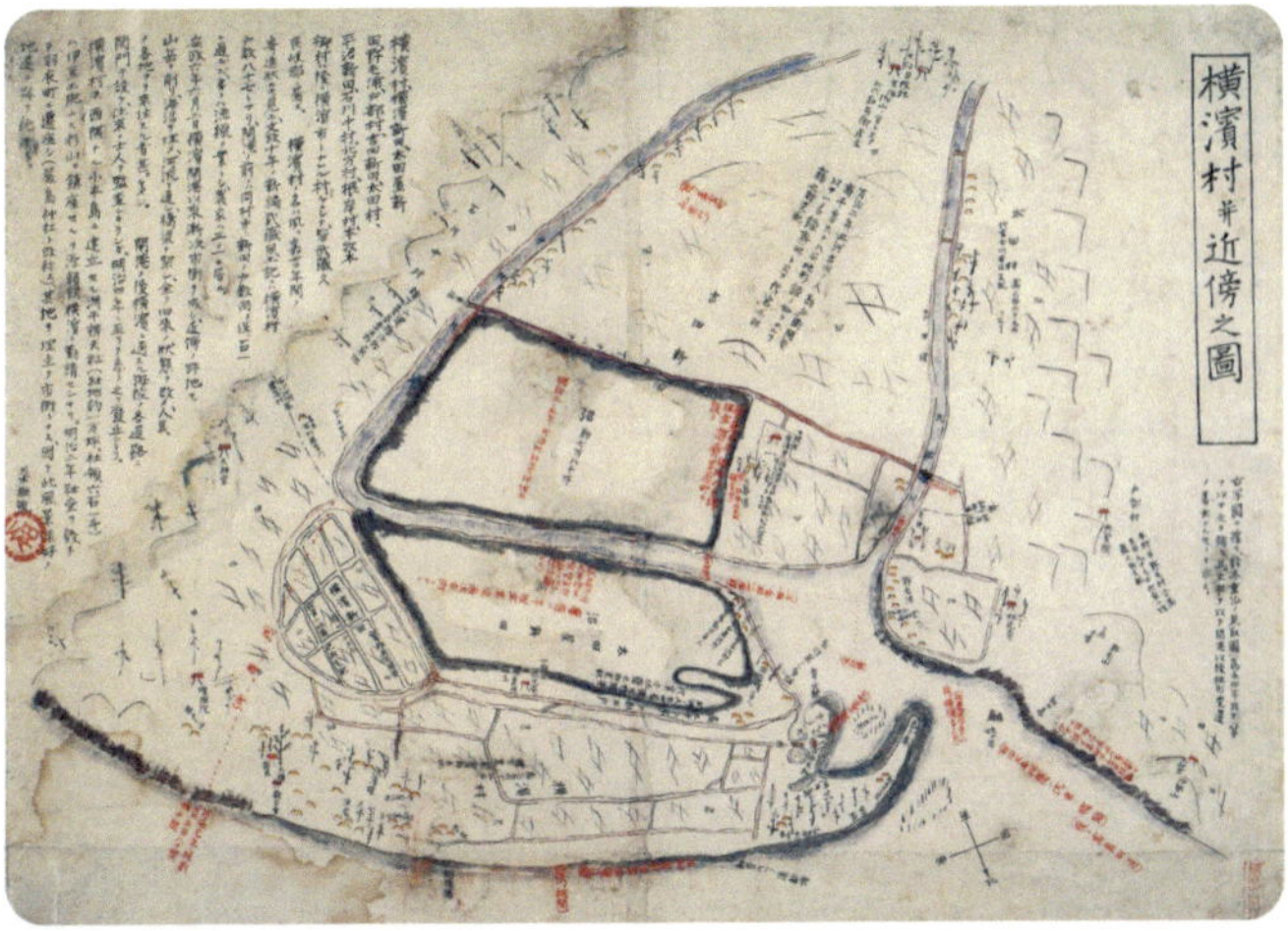

横浜村井近傍之図《よこはまむらならびにきんぼうのず》

1851（嘉永《かえい》4）年当時《ねんとうじ》の横浜一帯《よこはまいったい》を描《えが》いた図《ず》に、1868（明治元《めいじがん》）年《ねん》にその後《ご》の変化《へんか》を記《しる》したもの。中央左《ちゅうおうひだり》の半円形《はんえんけい》をした「横浜新田《よこはましんでん》」が現在《げんざい》の中華街《ちゅうかがい》の場所《ばしょ》になる。

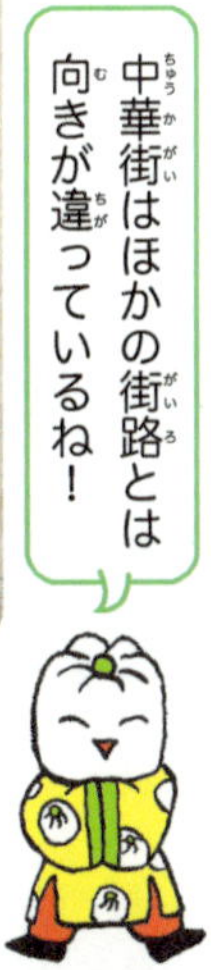

横浜《よこはま》中《ちゅう》華《か》街《がい》周《しゅう》辺《へん》

国土地理院地図を元に作成

中華街《ちゅうかがい》のある場所《ばしょ》は、今《いま》の地図《ちず》でも山下公園前《やましたこうえんまえ》の海《かい》岸通《がんどお》りなどとは向《む》きが異《こと》なっているのがわかる。

横浜中華街《よこはまちゅうかがい》のシンボルともいえる善隣門《ぜんりんもん》。このほかに形《かたち》の異《こと》なる門《もん》が9基《き》ある。

豆知識《まめちしき》

外国人居留地《がいこくじんきょりゅうち》が廃止《はいし》されると、中国人《ちゅうごくじん》は職業《しょくぎょう》の制限《せいげん》を受《う》けましたが、居留地以外《きょりゅうちいがい》にも住《す》めるようになりました。中国《ちゅうごく》から亡命《ぼうめい》した革命家《かくめいか》の孫文《そんぶん》も、約《やく》5年間《ねんかん》、横浜《よこはま》に滞在《たいざい》していました。

29 大磯《おおいそ》にできた日本《にほん》で初《はじ》めての海水浴場《かいすいよくじょう》と海水浴《かいすいよく》の効果《こうか》

1885（明治《めいじ》18）年《ねん》に陸軍《りくぐん》の初代軍医《しょだいぐんい》総監《そうかん》・**松本順《まつもとじゅん》**により開設《かいせつ》された**大磯海水浴場《おおいそかいすいよくじょう》**は、日本《にほん》で最初《さいしょ》の海水浴場《かいすいよくじょう》で**海水浴場《かいすいよくじょう》発祥《はっしょう》の地《ち》**として知《し》られています。

現在《げんざい》では、海水浴《かいすいよく》といえば海《うみ》での水泳《すいえい》を思《おも》い浮《う》かべるでしょう。しかし、この当時《とうじ》は少《すこ》し様子《ようす》が違《ちが》いました。潮《しお》の流《なが》れで体《からだ》に刺激《しげき》を与《あた》え、海辺《うみべ》の清涼《せいりょう》な空気《くうき》を吸《す》うことは健康《けんこう》によいとされ、海水浴《かいすいよく》は**病気《びょうき》への効能《こうのう》**があると考《かんが》えられていたのです。そのため、岩《いわ》のところどころに挿《さ》した棒《ぼう》につかまって海水《かいすい》に浸《つ》かることが、この頃《ころ》の海水浴《かいすいよく》で、**潮湯治《しおとうじ》**とも呼《よ》ばれていました。オランダ海軍《かいぐん》の軍医《ぐんい》に師事《しじ》して医学《いがく》を学《まな》んだ松本《まつもと》は、日本《にほん》でも海水浴《かいすいよく》を普及《ふきゅう》させようと考《かんが》えたのです。

1887（明治《めいじ》20）年《ねん》に東海道線大磯駅《とうかいどうせんおおいそえき》が開業《かいぎょう》すると、松本《まつもと》の誘《さそ》いに応《おう》じて、東京《とうきょう》の名士《めいし》たちが続々《ぞくぞく》と大磯《おおいそ》に別荘《べっそう》を建《た》てるようになります。いち早《はや》く大磯《おおいそ》に別荘《べっそう》を建《た》てた政治家《せいじか》は山縣有朋《やまがたありとも》でした。その後《ご》も7人《にん》もの総理大臣経験者《そうりだいじんけいけんしゃ》（伊藤博文《いとうひろぶみ》、原敬《はらたかし》、大隈重信《おおくましげのぶ》、西園寺公望《さいおんじきんもち》、加藤高明《かとうたかあき》、寺内正毅《てらうちまさたけ》、吉田茂《よしだしげる》）が大磯《おおいそ》に居《きょ》を構《かま》えました。

大磯町郷土資料館所蔵

大磯海水浴浜辺景《おおいそかいすいよくはまべのけい》 禱龍館繁栄之図《とうりゅうかんはんえいのず》

明治《めいじ》時代《じだい》中期《ちゅうき》の大磯海水浴場《おおいそかいすいよくじょう》。多《おお》くの人々《ひとびと》でにぎわう様子《ようす》が描《えが》かれている。

わたしもリウマチ療養《りょうよう》のため大磯《おおいそ》に通《かよ》ったんだよ

出典：国立国会図書館「近代日本人の肖像」

医師《いし》・松本順《まつもとじゅん》（1832 ～ 1907 年《ねん》）

大日本帝国陸軍《だいにほんていこくりくぐん》の初代軍医総監《しょだいぐんいそうかん》に就任《しゅうにん》した松本順《まつもとじゅん》は、大磯《おおいそ》に長期滞在《ちょうきたいざい》して海水浴《かいすいよく》をしながら病気《びょうき》を治《なお》す転地療養《てんちりょうよう》を広《ひろ》めた。

大磯町郷土資料館所蔵

大磯海水浴《おおいそかいすいよく》富士遠景図《ふじえんけいず》

明治時代《めいじじだい》、海水浴《かいすいよく》が始《はじ》まったばかりの頃《ころ》の水着《みずぎ》は、ワンピースのような形《かたち》をしていた。

豆知識《まめちしき》

ヘボン式《しき》ローマ字《じ》を広《ひろ》めたJ・C《ジェームズカーティス》・ヘボンも日本《にほん》で海水浴《かいすいよく》の普及《ふきゅう》に貢献《こうけん》しました。彼《かれ》が推奨《すいしょう》した富岡海岸《とみおかかいがん》（横浜市金沢区《よこはましかなざわく》）は1881（明治《めいじ》14）年《ねん》に外国人居留者用《がいこくじんきょりゅうしゃよう》の海水浴場《かいすいよくじょう》として開設《かいせつ》されました。

30 関東大震災《かんとうだいしんさい》の瓦礫《がれき》から生《う》まれた山下公園《やましたこうえん》

1923（大正《たいしょう》12）年《ねん》9月《がつ》1日《ついたち》、相模湾《さがみわん》北西部《ほくせいぶ》を震源《しんげん》とする推定《すいてい》マグニチュード7・9の大地震《おおじしん》（最大震度《さいだいしんど》7）が発生《はっせい》しました。**関東大震災《かんとうだいしんさい》**です。関東全域《かんとうぜんいき》が甚大《じんだい》な被害《ひがい》に見舞《みま》われ、神奈川県内《かながわけんない》でも地震《じしん》や津波《つなみ》、火災《かさい》などの被害《ひがい》が多発《たはつ》。家屋《かおく》の被《ひ》害棟数《がいむねすう》を見《み》ても、東京市《とうきょうし》の2倍以上《ばいいじょう》の約《やく》6万《まん》4000棟《むね》が全潰《ぜんかい》（焼失含《しょうしつふく》む）しました。関東大震災《かんとうだいしんさい》というと、東京市《とうきょうし》の地震《じしん》火事《かじ》が注目《ちゅうもく》されがちですが、被災状況《ひさいじょうきょう》からは「神奈川県下《かながわけんか》で起《お》きた神奈川《かながわ》の地震《じしん》」といえるでしょう。

県内《けんない》ではとくに横浜市《よこはまし》の被害《ひがい》が大《おお》きく、死《し》者《しゃ》・行方不明者数《ゆくえふめいしゃすう》は2万《まん》6623人《にん》におよびました。これは、神奈川県全体《かながわけんぜんたい》（3万《まん》2838人《にん》）の約《やく》81%です。

復興作業《ふっこうさぎょう》を進《すす》める際《さい》に、海岸通《かいがんどお》りの海側《うみがわ》の土地《とち》が**瓦礫《がれき》の廃棄場所《はいきばしょ》**に指定《してい》されました。1930（昭和《しょうわ》5）年《ねん》にはこの場所《ばしょ》を約《やく》750mにわたって埋《う》め立《た》て、同年《どうねん》3月《がつ》15日《にち》に山下公園《やましたこうえん》（横浜市中区山下町《よこはましなかくやましたちょう》）が開《かい》園《えん》しました。**山下公園《やましたこうえん》は関東大震災《かんとうだいしんさい》からの復興《ふっこう》のシンボル**となり、現在《げんざい》でも市民《しみん》の憩《いこ》いの場《ば》として親《した》しまれています。

横浜開港資料館所蔵

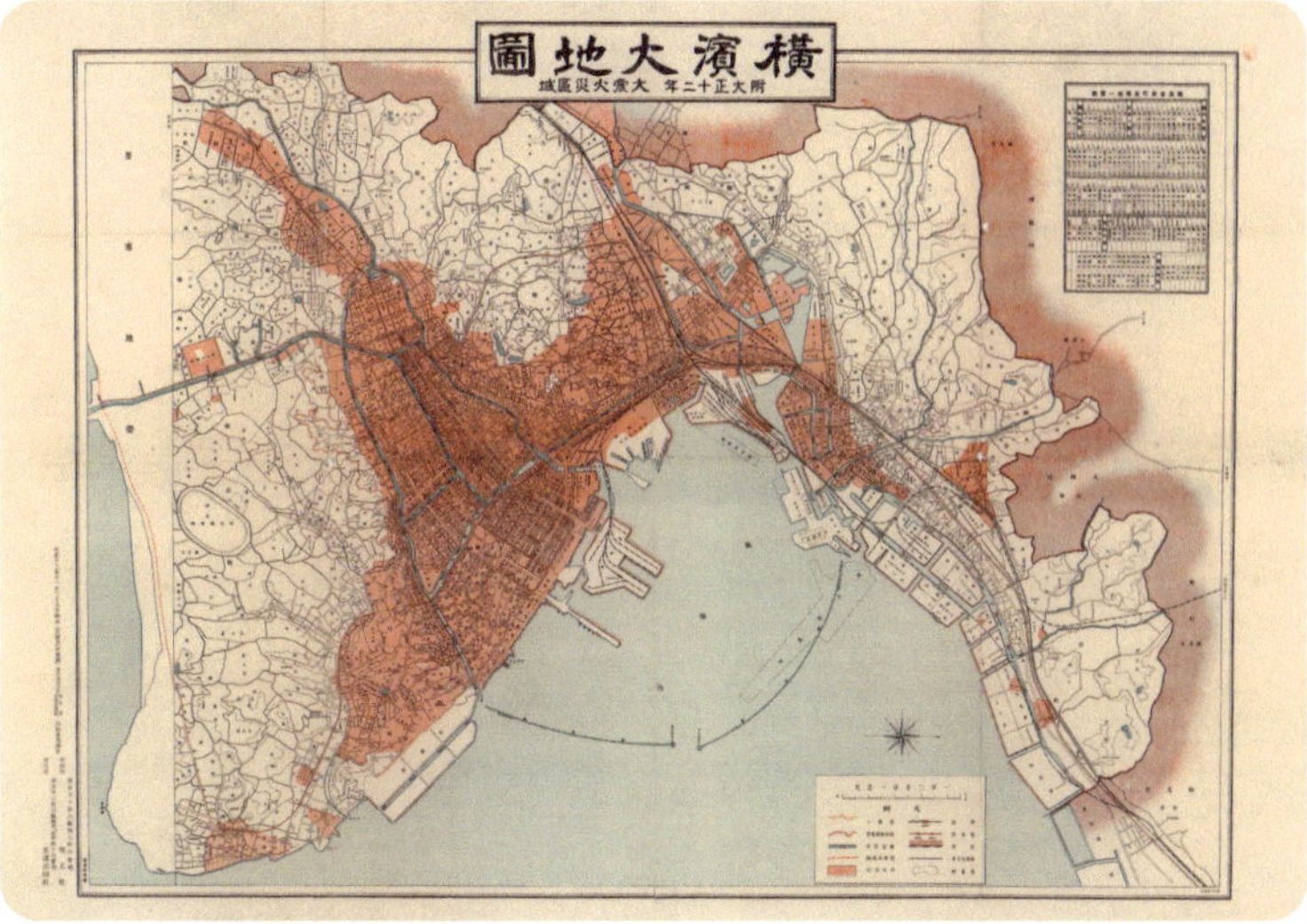

関東大震災《かんとうだいしんさい》により発生《はっせい》した火災地域《かさいちいき》を赤色《あかいろ》で示《しめ》した地図《ちず》。沿岸部《えんがんぶ》のほか、多《おお》くの地域《ちいき》が火災《かさい》にあったのがわかる。

関東大震災《かんとうだいしんさい》によって被災《ひさい》した横浜商工会議所《よこはましょうこうかいぎしょ》付近《ふきん》。中央《ちゅうおう》に見《み》えるのは、現在《げんざい》の横浜市開港《よこはましかいこう》記念会館《きねんかいかん》の時計塔《とけいとう》。

横浜市中央図書館所蔵

現在《げんざい》の山下公園《やましたこうえん》では、多《おお》くの船《ふね》が行《い》き交《か》う横浜港《よこはまこう》の様子《ようす》を眺《なが》めることができる。

提供：公益社団法人神奈川県観光協会

豆知識《まめちしき》

外国人居留地《がいこくじんきょりゅうち》につくられた横浜公園《よこはまこうえん》には野球場《やきゅうじょう》もありました。関東大震災《かんとうだいしんさい》で被災《ひさい》しましたが、復興事業《ふっこうじぎょう》の一環《いっかん》として新《しん》スタジアムを建設《けんせつ》。進駐軍《しんちゅうぐん》の接収後《せっしゅうご》、再建《さいけん》されたのが今《いま》の横浜《よこはま》スタジアムです。

31 みなとみらい21地区《ちく》で開《ひら》かれた横浜博《よこはまはく》ってどんな博覧会《はくらんかい》?

かつて横浜市《よこはまし》の中心地《ちゅうしんち》は、**関内《かんない》・伊勢佐《いせざ》木町《きちょう》エリア**と、**横浜駅周辺《よこはまえきしゅうへん》エリア**に二分《にぶん》されていました。横浜市《よこはまし》の経済《けいざい》を活性化《かっせいか》するために、このふたつのエリアを一体化《いったいか》しようと1979(昭和《しょうわ》54)年《ねん》に構想《こうそう》されたのが、**みなとみらい21**の整備計画《せいびけいかく》です。

みなとみらい21とは、横浜市《よこはまし》の西区《にしく》から中区《なかく》にかけてまたがる地域《ちいき》のことで、再開《さいかい》発《はつ》によって大型商業施設《おおがたしょうぎょうしせつ》や高層《こうそう》マンションが建設《けんせつ》されていきました。なお、この「みなとみらい」という名称《めいしょう》は、一般公募《いっぱんこうぼ》によって決《き》められたものです。

そして1989(平成元《へいせいがん》)年《ねん》、横浜市制《よこはましせい》100周年《しゅうねん》と横浜港開港《よこはまこうかいこう》130周年《しゅうねん》を記念《きねん》して、3月《がつ》25日《にち》から10月《がつ》1日《ついたち》の191日間《にちかん》にわたり、みなとみらい21で**横浜博覧会《よこはまはくらんかい》**が開催《かいさい》されることになりました。この博覧会《はくらんかい》には1333万人《まんにん》が訪《おとず》れ、〝街開《まちびら》き〟のお披露目《ひろめ》としては素晴《すば》らしい成果《せいか》をあげ、以《い》降《こう》、この地区《ちく》での開発《かいはつ》が盛《も》り上《あ》がりを見《み》せることになります。同年《どうねん》には**横浜《よこはま》ベイブリッジ**が開通《かいつう》、4年後《ねんご》には**横浜《よこはま》ランドマークタワー**が開業《かいぎょう》し、現在《げんざい》では横浜《よこはま》を代表《だいひょう》するシンボルマークとなっています。

横浜市史資料室提供

現在《げんざい》のみなとみらい 21 地区《ちく》。
高層《こうそう》ビルが立《た》ち並《なら》んでいる。

僕《ぼく》の体《からだ》のなかが
展示《てんじ》スペースになっていたよ！

横浜博覧会《よこはまはくらんかい》のパビリオンのひとつで、『ガリバー旅行記《りょこうき》』をテーマにした三《み》井《い》・東芝《とうしば》ガリバー館《かん》の入《い》り口《ぐち》。

横浜市史資料室提供

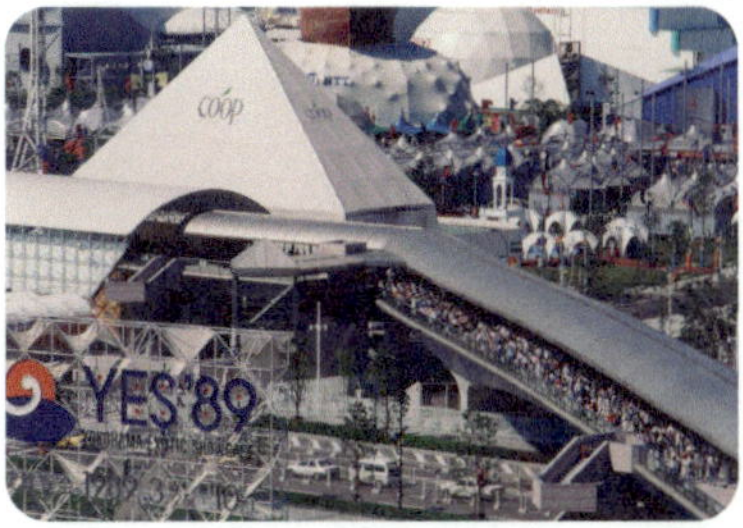

桜《さくら》木《ぎ》町側《ちょうがわ》は、現在《げんざい》も残《のこ》る動《うご》く歩道《ほどう》を進《すす》んで「横浜博《よこはまはく》」入《い》り口《ぐち》に向《む》かった。

豆《まめ》知《ち》識《しき》

遊園地《ゆうえんち》「よこはまコスモワールド」の観覧車《かんらんしゃ》「コスモクロック 21」は、横浜博覧会《よこはまはくらんかい》のアトラクションとして建設《けんせつ》されました。このとき大《だい》好評《こうひょう》で、博覧会後《はくらんかいご》に「よこはまコスモワールド」に移《うつ》されました。

日本初《にほんはつ》がいっぱい！横浜初《よこはまはじ》めてマップ

開港後《かいこうご》の横浜《よこはま》にできた居留地《きょりゅうち》に外国人《がいこくじん》が住《す》み始《はじ》めたことから、横浜《よこはま》には多《おお》くの「日本初《にほんはつ》」が生《う》まれました。その代表的《だいひょうてき》なものを見《み》ていきましょう。

国土地理院地図を元に作成

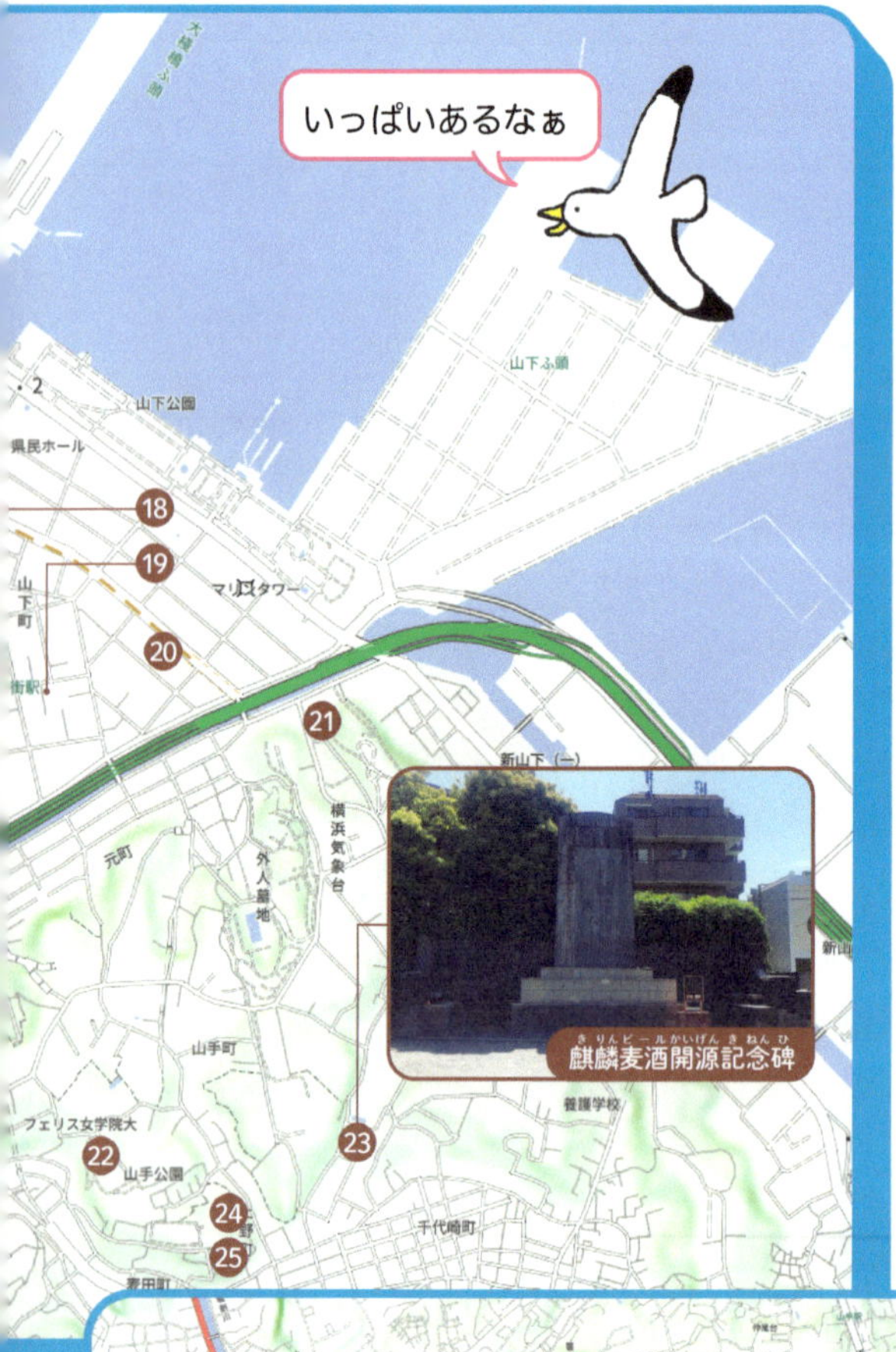

麒麟麦酒開源記念碑《きりんビールかいげんきねんひ》

根岸競馬場《ねぎしけいばじょう》の馬見所《うまみしょ》

根岸駅周辺《ねぎしえきしゅうへん》

横浜市内《よこはましない》(中区《なかく》)にあるおもな「初《はじ》めて」の地《ち》

野毛山配水池《のげやまはいすいち》

横浜初《よこはまはじ》めて一覧《いちらん》

1 ガス会社《がいしゃ》
2 灯台局《とうだいきょく》
3 鉄道《てつどう》
4 近代水道《きんだいすいどう》
5 日刊新聞《にっかんしんぶん》
6 写真館《しゃしんかん》
7 ガス灯《とう》
8 アイスクリーム
9 近代街路樹《きんだいがいろじゅ》
10 牛鍋屋《ぎゅうなべや》
11 電信創業《でんしんそうぎょう》
12 外国郵便《がいこくゆうびん》
13 近代下水道《きんだいげすいどう》
14 近代《きんだい》パン
15 消防救急《しょうぼうきゅうきゅう》
16 ホテル
17 警察署《けいさつしょ》
18 西洋理髪《せいようりはつ》
19 ラグビー
20 日本洋裁業《にほんようさいぎょう》
21 クリーニング
22 テニス
23 ビール醸造《じょうぞう》
24 日本吹奏楽《にほんすいそうがく》
25 君《きみ》が代《よ》
26 近代競馬場《きんだいけいばじょう》

※発祥については諸説あり

① ガス会社《がいしゃ》

1870(明治《めいじ》3)年《ねん》に結成《けっせい》された「日本《にほん》ガス社中《しゃちゅう》」が、フランス人技師《じんぎし》を招《まね》いて日本《にほん》で初《はじ》めてガス工事《こうじ》を始《はじ》めました。

② 灯台局《とうだいきょく》

西洋式灯台《せいようしきとうだい》の建設《けんせつ》や維持管理《いじかんり》の訓練《くんれん》を行《おこな》う「燈明台局《とうみょうだいきょく》」がここにありました。日本初《にほんはつ》の西洋式灯台《せいようしきとうだい》は、横須賀《よこすか》の観音埼灯台《かんのんさきとうだい》です。

③ 鉄道《てつどう》

1872(明治《めいじ》5)年《ねん》、横浜《よこはま》～新橋間《しんばしかん》に日本最《にほんさい》初《しょ》の鉄道《てつどう》が開通《かいつう》しました。JR桜木町駅《さくらぎちょうえき》の新《しん》南口改札《みなみぐちかいさつ》に隣接《りんせつ》する商業施設《しょうぎょうしせつ》には、鉄《てつ》道開業時《どうかいぎょうじ》に輸入《ゆにゅう》した機関車《きかんしゃ》と、実物大《じつぶつだい》の客車《きゃくしゃ》の模型《もけい》が展示《てんじ》されています。

鉄道発祥《てつどうはっしょう》の地《ち》の記念碑《きねんひ》。

④ 近代水道《きんだいすいどう》

1887(明治《めいじ》20)年《ねん》、パーマーによって、相模川支流《さがみがわしりゅう》の道志川《どうしがわ》から野毛山配水池《のげやまはいすいち》までの水《みず》を引《ひ》く、洋式水道《ようしきすいどう》が完《かん》成《せい》しました。

⑤ 日刊新聞《にっかんしんぶん》

日本人《にほんじん》としてアメリカへの帰化第《きかだい》1号《ごう》となったジョセフ・ヒコが、1864(元治元《げんじがん》)年《ねん》に手書《てが》きの新聞《しんぶん》を創《そう》刊《かん》しました。

⑥ 写真館《しゃしんかん》

1860(万延元《まんえんがん》)年《ねん》、アメリカ人《じん》のフリーマンが写《しゃ》真館《しんかん》を開業《かいぎょう》。その2年後《ねんご》に、日本写真《にほんしゃしん》の祖《そ》・下岡蓮杖《しもおかれんじょう》も日本初《にほんはつ》の営業写真館《えいぎょうしゃしんかん》を開《ひら》きました。

日本写真《にほんしゃしん》の祖《そ》・下岡蓮杖《しもおかれんじょう》の記念碑《きねんひ》。

⑦ ガス灯《とう》

1872(明治《めいじ》5)年《ねん》、「日本《にほん》ガス社中《しゃちゅう》」によって、馬車道《ばしゃみち》から本町通《ほんちょうどお》りにかけて、日本最初《にほんさいしょ》のガス灯《とう》が灯《とも》されました。

復元《ふくげん》されたガス灯《とう》。

⑧ アイスクリーム

1869(明治《めいじ》2)年《ねん》、馬車道《ばしゃみち》で氷水店《こおりみずてん》を経営《けいえい》していた町田房蔵《まちだふさぞう》が、日《に》本《ほん》で初《はじ》めてアイスクリームを販売《はんばい》しました。当時《とうじ》の名前《なまえ》は「あいすくりん」でした。

アイスクリーム発祥《はっしょう》記念像《きねんぞう》「太陽《たいよう》の母子《ぼし》」。

⑨ 近代街路樹《きんだいがいろじゅ》

1867(慶応《けいおう》3)年頃《ねんごろ》、馬車道《ばしゃみち》の沿道《えんどう》の景観《けいかん》を美《うつく》しく見《み》せるために、柳《やなぎ》と松《まつ》の街路樹《がいろじゅ》が植《う》えられました。

⑩ 牛鍋屋《ぎゅうなべや》

1862(文久《ぶんきゅう》2)年《ねん》、居留地《きょりゅうち》に住《す》む外国人《がいこくじん》が食《た》べていた牛肉料理《ぎゅうにくりょうり》をヒントに、居酒屋《いざかや》「伊勢熊《いせくま》」の店主《てんしゅ》が牛鍋《ぎゅうなべ》屋《や》を開店《かいてん》しました(地図《ちず》は現存《げんそん》する最古《さいこ》の牛鍋屋《ぎゅうなべや》「太田《おおた》縄《なわ》のれん」)。

⑪ 電信創業《でんしんそうぎょう》

1869(明治《めいじ》2)年《ねん》、約《やく》32kmの電信線架設工事《でんしんせんかせつこうじ》が行《おこな》われ、横浜電信局《よこはまでんしんきょく》と東京電信局《とうきょうでんしんきょく》の間《あいだ》で電報《でんぽう》が始《はじ》まりました。

⑫ 外国郵便《がいこくゆうびん》

在日外国郵便局《ざいにちがいこくゆうびんきょく》が扱《あつか》っていた外国郵便《がいこくゆうびん》が、1875(明治《めいじ》8)年《ねん》に横浜郵便局《よこはまゆうびんきょく》に移管《いかん》されました。

⑬ 近代《きんだい》下水道《げすいどう》

1881（明治《めいじ》14）年以降《ねんいこう》、陶管《とうかん》に代《か》わってレンガ製《せい》の下《げ》水管《すいかん》が使用《しよう》されるようになりました。この下水管《げすいかん》は断面《だんめん》が卵形《たまごがた》をしているのが特徴《とくちょう》です。

➡煉瓦造《れんがづく》りの卵形下水管《たまごがたげすいかん》。

⑭ 近代《きんだい》パン

1860（万延元《まんえんがん》）年《ねん》、内海兵吉《うつみへいきち》がパン屋《や》を創業《そうぎょう》。ここから日本《にほん》のパン食文化《しょくぶんか》が始《はじ》まりました。

⑮ 消防救急《しょうぼうきゅうきゅう》

明治時代《めいじじだい》にできた防火用地下貯水槽《ぼうかようちかちょすいそう》の跡《あと》が残《のこ》っています。1914（大正《たいしょう》3）年《ねん》に消防車《しょうぼうしゃ》、1933（昭和《しょうわ》8）年《ねん》に救急車《きゅうきゅうしゃ》が初《はじ》めて配備《はいび》されました。

⑯ ホテル

1860（万延元《まんえんがん》）年《ねん》、オランダ人船長《じんせんちょう》フフナーゲルが、ここに日本初《にほんはつ》の洋式《ようしき》ホテル「ヨコハマ・ホテル」を開業《かいぎょう》しました。

⑰ 警察署《けいさつしょ》

1882（明治《めいじ》15）年《ねん》に、現在《げんざい》の加賀町警察署《かがちょうけいさつしょ》付近《ふきん》に日本初《にほんはつ》とされる警察署《けいさつしょ》ができました。

⑱ 西洋理髪《せいようりはつ》

1869（明治《めいじ》2）年《ねん》、異国船《いこくせん》に乗《の》る船員《せんいん》の顔《かお》のヒゲを剃《そ》ったのがきっかけで、小倉虎吉《おぐらとらきち》が理髪店《りはつてん》を創業《そうぎょう》しました。

⑲ ラグビー

1866（慶応《けいおう》2）年《ねん》、外国人居留地《がいこくじんきょりゅうち》の一角《いっかく》、山《やま》下町《したちょう》に、横浜在住《よこはまざいじゅう》の西洋《せいよう》人《じん》たちによる日本《にほん》、そしてアジア初《はつ》のラグビークラブが設立《せつりつ》されました。

➡ラグビーボールがあしらわれた記念碑《きねんひ》。

⑳ 日本洋裁業《にほんようさいぎょう》

1863（文久《ぶんきゅう》3）年《ねん》、イギリス人《じん》のピアソン夫《ふ》人《じん》が日本人職人《にほんじんしょくにん》を雇《やと》って洋裁店《ようさいてん》を開業《かいぎょう》しました。

㉑ クリーニング

1861（文久元《ぶんきゅうがん》）年《ねん》、長崎《ながさき》で西洋式《せいようしき》の洗濯《せんたく》方《ほう》法《ほう》を学《まな》んだ渡辺善兵衛《わたなべぜんべえ》が、クリーニング店《てん》を開業《かいぎょう》。

㉒ テニス

1876（明治《めいじ》9）年《ねん》、山手公園《やまてこうえん》のなかにテニスコートがつくられました。公園内《こうえんない》には今《いま》もテニスコートがあるほか、テニスの歴史《れきし》を紹介《しょうかい》する「横浜山手《よこはまやまて》テニス発祥記《はっしょうき》念館《ねんかん》」があります。

㉓ ビール醸造《じょうぞう》

1869（明治《めいじ》2）年《ねん》、日本初《にほんはつ》のビール醸造所《じょうぞうしょ》「ジャパン・ヨコハマ・ブルワリー」が、山手居留地《やまてきょりゅうち》で創業《そうぎょう》しました。

㉔ 日本吹奏楽《にほんすいそうがく》

1869（明治《めいじ》2）年《ねん》、薩《さつ》摩藩《まはん》が日本初《にほんはつ》の軍楽隊《ぐんがくたい》を組織《そしき》し、横浜《よこはま》に派遣《はけん》して、イギリス陸軍軍楽隊長《りくぐんぐんがくたいちょう》フェントンのもとで学《まな》ばせました。

⬆日本吹奏楽発祥《にほんすいそうがくはっしょう》の地《ち》の記念碑《きねんひ》。

㉕ 君《きみ》が代《よ》

1870（明治《めいじ》3）年《ねん》、フェントンが、薩《さつ》摩藩軍楽隊《まはんぐんがくたい》の寄宿地《きしゅくち》、中区《なかく》の妙香寺《みょうこうじ》で「君《きみ》が代《よ》」を作曲《さっきょく》しました。「君《きみ》が代《よ》」はその後《ご》、日本人《にほんじん》が改《あらた》めて作曲《さっきょく》し、ドイツ人《じん》が完成《かんせい》させました。

↗国歌《こっか》「君《きみ》が代《よ》」由緒地《ゆいしょち》の碑《ひ》。

㉖ 近代競馬場《きんだいけいばじょう》

外国人《がいこくじん》がレクリエーションとして競馬《けいば》を始《はじ》め、1866（慶応《けいおう》2）年《ねん》、根岸村《ねぎしむら》に国内初《こくないはつ》となる常設《じょうせつ》の洋式競馬場《ようしきけいばじょう》が誕生《たんじょう》しました。

COLUMN vol.2

神《か》奈《な》川《がわ》をもっと探《たん》県《けん》！

正月《しょうがつ》の箱根駅伝《はこねえきでん》はなぜ始《はじ》まったの？

お正月《しょうがつ》の風物詩《ふうぶつし》になっている箱根駅伝《はこねえきでん》。正式《せいしき》には「東京箱根間往復大学《とうきょうはこねかんおうふくだいがく》駅伝競走《えきでんきょうそう》」といって、関東学生陸上競技連盟《かんとうがくせいりくじょうきょうぎれんめい》に加盟《かめい》している大学《だいがく》のうち、前年大会《ぜんねんたいかい》の10位以内《いいない》に入《はい》った学校《がっこう》と予選《よせん》を通過《つうか》した学校《がっこう》などが、東京《とうきょう》～箱《はこ》根間《ねかん》（往復《おうふく》）を走《はし》ってつなぎ、順位《じゅんい》を競《きそ》う大会《たいかい》です。

始《はじ》まるきっかけは、1912（明治《めいじ》45）年《ねん》のオリンピック・ストックホルム大会《たいかい》でした。当時《とうじ》、日本人初《にほんじんはつ》のオリンピック選手《せんしゅ》となった金栗四三《かなくりしそう》は、競《きょう》走中《そうちゅう》に意識《いしき》を失《うしな》い途中棄権《とちゅうきけん》してしまいます。まだまだ世界《せかい》との差《さ》が大《おお》きいことを痛感《つうかん》した金栗《かなくり》は、帰国後《きこくご》、世界《せかい》に通用《つうよう》するマラソンランナーの育成《いくせい》を目指《めざ》しました。そこで目《め》をつけたのが駅伝競走《えきでんきょうそう》でした。金栗《かなくり》は同志《どうし》とともに、東京《とうきょう》～箱根間《はこねかん》で競《きそ》う新《あら》たな駅伝大会《えきでんたいかい》を考《かんが》え、1920（大正《たいしょう》9）年《ねん》に第《だい》1回箱根駅伝《かいはこねえきでん》が開催《かいさい》されました。そのときの出場校《しゅつじょうこう》は、早稲田大学《わせだだいがく》、明治《めいじ》大学《だいがく》、慶應義塾大学《けいおうぎじゅくだいがく》、東京高等師範学校《とうきょうこうとうしはんがっこう》（現在《げんざい》の筑波大学《つくばだいがく》）の4校《こう》でしたが、その後《ご》は参加校《さんかこう》が増《ふ》え続《つづ》け、現在《げんざい》は原則《げんそく》20校《こう》で行《おこな》われるようになりました。これからも箱根駅伝《はこねえきでん》は、数々《かずかず》の熱《あつ》いドラマと名《めい》シーンをわたしたちに見《み》せてくれることでしょう。

Part3

神奈川《かながわ》の びっくりな鉄道《てつどう》

日本《にほん》で最初《さいしょ》の鉄道《てつどう》が走《はし》った神奈川県《かながわけん》。
神奈川《かながわ》を走《はし》った電車《でんしゃ》の技術《ぎじゅつ》は
超特急《ちょうとっきゅう》「新幹線《しんかんせん》」にも役立《やくだ》てられました。
小田急《おだきゅう》ロマンスカーや江《え》ノ電《でん》など、
大人気《だいにんき》車両《しゃりょう》も走《はし》る神奈川県内《かながわけんない》の鉄道《てつどう》を
深《ふか》～く見《み》ていきましょう。

32 日本《にほん》で最初《さいしょ》の鉄道《てつどう》は今《いま》の品川《しながわ》～桜木町《さくらぎちょう》を走《はし》った！

日本《にほん》の鉄道《てつどう》の始《はじ》まりは1872（明治《めいじ》5）年《ねん》10月《がつ》の新橋《しんばし》～横浜間《よこはまかん》の開業《かいぎょう》といわれていますが、じつは6月《がつ》に品川《しながわ》～横浜間《よこはまかん》が仮開業《かりかいぎょう》しており、こちらが正式《せいしき》な歴史《れきし》です。

横浜《よこはま》を選《えら》んだ理由《りゆう》は、幕末《ばくまつ》に横浜港《よこはまこう》が開港《かいこう》したことで、東京《とうきょう》と横浜《よこはま》を行《い》き来《き》する人《ひと》が多《おお》かったためです。当時《とうじ》の横浜駅《よこはまえき》は開港場《かいこうじょう》に近《ちか》い現在《げんざい》の桜木町駅《さくらぎちょうえき》にありました。品川《しながわ》～横浜間《よこはまかん》の所要時間《しょようじかん》は35分《ふん》で、開業当日《かいぎょうとうじつ》は1日《にち》2往復《おうふく》、翌日《よくじつ》から6往復《おうふく》で運転《うんてん》され、7月《がつ》には川崎《かわさき》、神奈川《かながわ》（現在《げんざい》は廃止《はいし》）の途中駅《とちゅうえき》も開業《かいぎょう》しました。10月《がつ》には新橋《しんばし》（汐留《しおどめ》）から正式《せいしき》に開業《かいぎょう》し、盛大《せいだい》な開業式《かいぎょうしき》も行《おこな》われ、同時《どうじ》に鶴見駅《つるみえき》も設《もう》けられました。

その後《ご》、日本政府《にほんせいふ》は東京《とうきょう》と大阪《おおさか》などの東西《とうざい》を結《むす》ぶ鉄道《てつどう》の建設《けんせつ》を急《いそ》ぎます。初《はじ》めは内陸《ないりく》の山《やま》が多《おお》いルートの計画《けいかく》でした。海沿《うみぞ》いに比《くら》べ外国《がいこく》の軍艦《ぐんかん》からの射撃《しゃげき》を受《う》けないことがおもな理由《りゆう》ですが、山岳地帯《さんがくちたい》の建設《けんせつ》は難工事《なんこうじ》が予想《よそう》され、結局《けっきょく》は海沿《うみぞ》いのルートで建設《けんせつ》されました。すると、開港貿易《かいこうぼうえき》のための東京《とうきょう》～横浜間《よこはまかん》の鉄道《てつどう》は東海道線《とうかいどうせん》という重要《じゅうよう》な幹線鉄道《かんせんてつどう》の一部《いちぶ》になり、多《おお》くの人々《ひとびと》や貨物《かもつ》を運《はこ》ぶことになったのです。

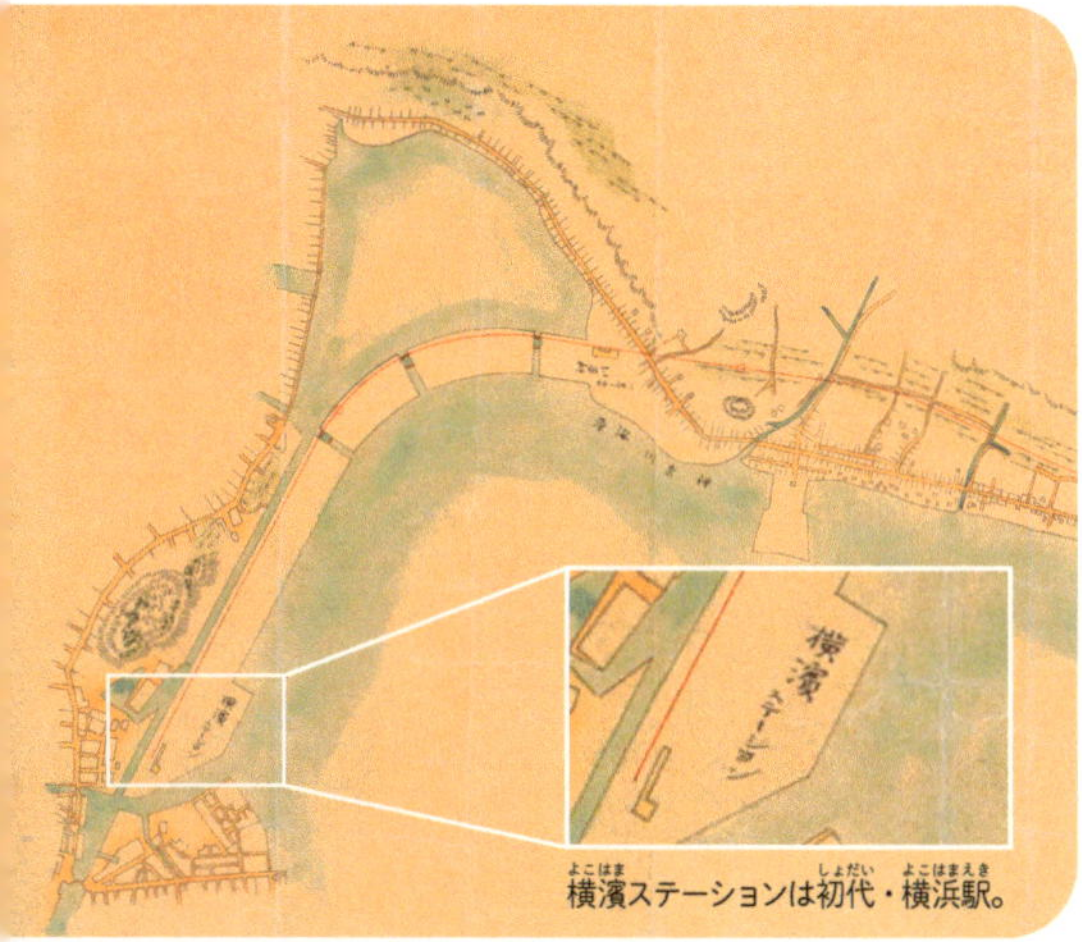

横濱《よこはま》ステーションは初代《しょだい》・横浜駅《よこはまえき》。

桜木町駅《さくらぎちょうえき》の隣《となり》にある旧横《きゅうよこ》ギャラリーでは、開業当《かいぎょうとう》時《じ》の110形蒸気機関車《がたじょうききかんしゃ》が展示《てんじ》されている。

新橋《しんばし》横浜《よこはま》間《かん》鉄道《てつどう》之《の》図《ず》

品川《しながわ》～横浜間《よこはまかん》が仮開業《かりかいぎょう》した頃《ころ》につくられた路線図《ろせんず》の一部分《いちぶぶん》。赤色《あかいろ》の細《ほそ》い線《せん》が線路《せんろ》で、神奈川《かながわ》～横浜間《よこはまかん》の約《やく》1.4kmは入《い》り江《え》を埋《う》め立《た》てて整備《せいび》された。

国立公文書館所蔵

横浜《よこはま》鉄道館《てつどうかん》 蒸気車《じょうきしゃ》之《の》図《ず》

1872（明治《めいじ》5）年《ねん》に描《えが》かれた、初代《しょだい》・横浜駅《よこはまえき》を発車《はっしゃ》する蒸気機関車《じょうききかんしゃ》のようす。

横浜市中央図書館所蔵

豆《まめ》知《ち》識《しき》

鉄道開業当時《てつどうかいぎょうとうじ》の日本《にほん》は鉄道《てつどう》の知識《ちしき》や経験《けいけん》がなかったため、技術《ぎじゅつ》は世界《せかい》で初《はじ》めて鉄道《てつどう》を開業《かいぎょう》させたイギリスに頼《たよ》り、多《おお》くの技術者《ぎじゅつしゃ》が招《まね》かれました。蒸気機関車《じょうききかんしゃ》もイギリス製《せい》で、運転《うんてん》もイギリス人《じん》が行《おこな》いました。

33

最初《さいしょ》は沼地《ぬまち》にあった横浜駅《よこはまえき》は2回《かい》も引《ひ》っ越《こ》して今《いま》の場所《ばしょ》に！

現在《げんざい》の横浜駅周辺《よこはまえきしゅうへん》は、幕末《ばくまつ》まで海《うみ》でした。明治維新《めいじいしん》のあとに埋《う》め立《た》てられましたが街《まち》並《な》みはなく、地面《じめん》はまだ水《みず》や泥《どろ》を含《ふく》んでやわらかく、**平沼《ひらぬま》**と呼《よ》ばれる沼《ぬま》もあったほどです。最初《さいしょ》の横浜駅《よこはまえき》は現在地《げんざいち》から離《はな》れた今《いま》の**桜木町駅《さくらぎちょうえき》**に設《もう》けられましたが（96ページ）、東海道線《とうかいどうせん》が建設《けんせつ》されると横浜駅《よこはまえき》は行《い》き止《ど》まりとなり、列車《れっしゃ》が直通《ちょくつう》できず折《お》り返《かえ》しが必要《ひつよう》でとても不便《ふべん》でした。そこで、**直《ちょく》通運転《つううんてん》ができる2代目《だいめ》の横浜駅《よこはまえき》が高島町《たかしまちょう》に建《た》てられます**。ところが2代目《だいめ》は、**関東大《かんとうだい》震災《しんさい》**で焼《や》けてしまいます。そこで、**3代目《だいめ》の横浜駅《よこはまえき》**が現在《げんざい》の場所《ばしょ》に建《た》てられました。

急速《きゅうそく》に発展《はってん》する横浜港《よこはまこう》では、船《ふね》を横付《よこづ》けするふ頭《とう》の建設《けんせつ》が行《おこな》われ、明治時代《めいじじだい》の終《お》わり頃《ごろ》には初代横浜駅《しょだいよこはまえき》からふ頭《とう》を結《むす》ぶ**貨物線《かもつせん》**ができあがります。新港《しんこう》ふ頭《とう》には横浜港駅《よこはまみなとえき》が開業《かいぎょう》して、貨物列車《かもつれっしゃ》のほかにアメリカのサンフランシスコ間航路《かんこうろ》に連絡《れんらく》する旅客列《りょかくれっ》車《しゃ》（ボートトレイン）も運行《うんこう》。東京駅《とうきょうえき》からの直通運転《ちょくつううんてん》で、とてもにぎわいました。桜《さくら》木町駅《ぎちょうえき》となった初代横浜駅《しょだいよこはまえき》も東京方面《とうきょうほうめん》からの電車《でんしゃ》がたくさん運転《うんてん》され、3代目横浜駅《だいめよこはまえき》は周辺《しゅうへん》も開発《かいはつ》され大《おお》きく発展《はってん》しました。

横浜駅《よこはまえき》の移《うつ》り変《か》わり

国鉄線《こくてつせん》(旅客線《りょかくせん》、または旅客《りょかく》・貨物線《かもつせん》)
臨港貨物線《りんこうかもつせん》
廃線《はいせん》

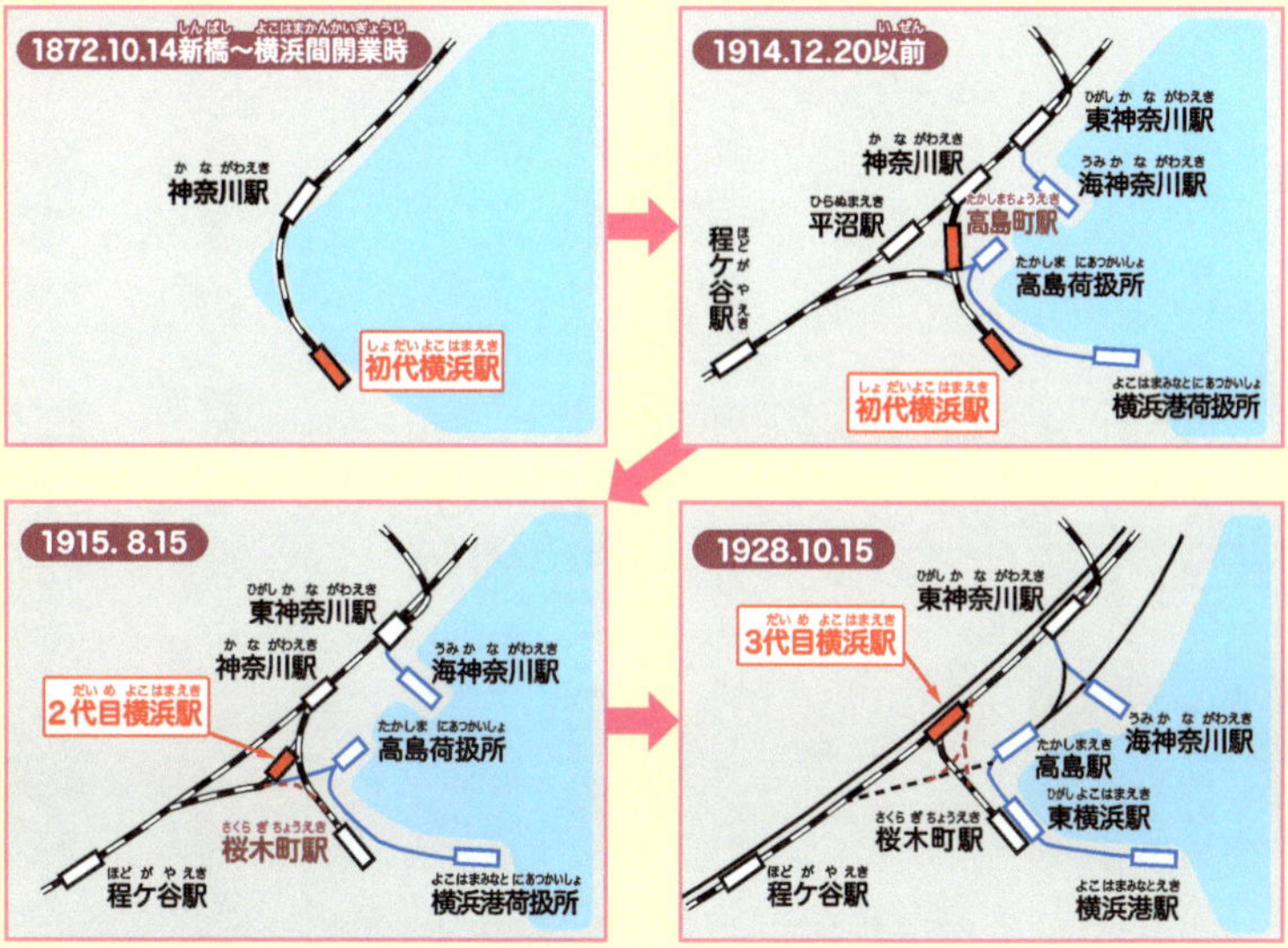

新港《しんこう》ふ頭《とう》に向《む》かう貨物線《かもつせん》は廃止《はいし》され、汽車道《きしゃみち》という遊歩道《ゆうほどう》になり鉄橋《てっきょう》も残《のこ》っている。

明治《めいじ》〜大正時代《たいしょうじだい》、今《いま》も大岡川《おおおかがわ》に架《か》かる大江橋《おおえばし》から撮《と》られた初代横浜駅《しょだいよこはまえき》（横浜停車場《よこはまていしゃじょう》）の写真《しゃしん》。

豆知識《まめちしき》

３代目横浜駅《だいめよこはまえき》が建《た》った「平沼《ひらぬま》」の名称《めいしょう》は現在《げんざい》の横浜市西区《よこはましにしく》の町名《ちょうめい》にあり、ここを開発《かいはつ》した江戸時代《えどじだい》の商人《しょうにん》、平沼家《ひらぬまけ》に由来《ゆらい》します。相鉄線《そうてつせん》には平沼橋駅《ひらぬまばしえき》があり、東海道本線《とうかいどうほんせん》、京急線《けいきゅうせん》にも平沼駅《ひらぬまえき》がありました。

34 今《いま》では地下鉄《ちかてつ》だって走《はし》る夢《ゆめ》のロマンスカー物語《ものがたり》

小田急電鉄《おだきゅうでんてつ》が、初《はじ》めてロマンスカーと呼《よ》んだ車両《しゃりょう》は1949（昭和《しょうわ》24）年《ねん》に登場《とうじょう》した特急専用車両《とっきゅうせんようしゃりょう》の1910形《がた》です。ゆったりとした座席《ざせき》のセミクロスシートや喫茶《きっさ》カウンターを備《そな》え、紅茶《こうちゃ》を座席《ざせき》まで運《はこ》ぶサービスも行《おこな》われました。その後《ご》、新《あたら》しい1700形《がた》も現《あらわ》れましたが、ロマンスカーとして決定的《けっていてき》な車両《しゃりょう》は何《なん》といっても1957（昭和《しょうわ》32）年《ねん》に完成《かんせい》したSE《エスイー》こと3000形《がた》です。SE《エスイー》は高速《こうそく》で走《はし》れるよう高性能《こうせいのう》なモーターを載《の》せ、航空機《こうくうき》の技術《ぎじゅつ》を応用《おうよう》して車体《しゃたい》を軽《かる》くするなど独特《どくとく》の最新技術《さいしんぎじゅつ》で製造《せいぞう》されました。SE《エスイー》の技術《ぎじゅつ》は新幹線《しんかんせん》の手本《てほん》になったほどです。続《つづ》く3100形《がた》NSE《エヌエスイー》は、運転台《うんてんだい》を2階《かい》に上《あ》げて最前部《さいぜんぶ》を展望席《てんぼうせき》にした、大人気《だいにんき》の前面展望車両《ぜんめんてんぼうしゃりょう》でした。

SE《エスイー》以降《いこう》、客席《きゃくせき》が高《たか》く眺《なが》めのよいHiS《ハイエス》E《イー》、2階建《かいだ》てのRSE《アールエスイー》など10車種《しゃしゅ》もの魅力《みりょく》的《てき》なロマンスカーが活躍《かつやく》してきました。なかでも2008（平成《へいせい》20）年《ねん》に登場《とうじょう》したMSE《エムエスイー》は、ロマンスカーとして初《はじ》めて東京《とうきょう》メトロ千代田線《ちよだせん》に乗《の》り入《い》れ、都心《としん》と箱根《はこね》が結《むす》ばれました。地下鉄《ちかてつ》を走《はし》るロマンスカーの姿《すがた》は想像《そうぞう》するだけで胸《むね》がときめきます。

2018（平成《へいせい》30）年《ねん》に登場《とうじょう》した、車体色《しゃたいしょく》のローズバーミリオンも美《うつ》しい70000形《がた》GSE《ジーエスイー》（Graceful《グレイスフル》〔優雅《ゆうが》〕Super Express《スーパーエクスプレス》）。

初《はじ》めてロマンスカーが地下鉄《ちかてつ》に乗《の》り入《い》れた60000形《がた》MSE《エムエスイー》（Multi《マルチ》〔多彩《たさい》〕Super Express《スーパーエクスプレス》）。

最前部《さいぜんぶ》を展望席《てんぼうせき》にした前面展望車両《ぜんめんてんぼうしゃりょう》の3100形《がた》NSE《エヌエスイー》（New《ニュー》〔新《あたら》しい〕Super Express《スーパーエクスプレス》）。

3000形《がた》の技術《ぎじゅつ》が新幹線《しんかんせん》に生《い》かされたんだよ！

豆知識《まめちしき》

新幹線《しんかんせん》や特急《とっきゅう》などの進行方向《しんこうほうこう》に向《む》いて座《すわ》れる座席《ざせき》をクロスシートといいます。通勤電車《つうきんでんしゃ》に多《おお》い窓《まど》を背《せ》にする横長《よこなが》の座席《ざせき》はロングシートです。これら２種類《しゅるい》を組《く》み合《あ》わせた座席構成《ざせきこうせい》がセミクロスシートです。

35

小田原《おだわら》から温泉《おんせん》や芦《あし》ノ湖《こ》へ わくわくドキドキ箱根鉄道《はこねてつどう》

箱根山《はこねやま》は温泉《おんせん》も豊富《ほうふ》な観光地《かんこうち》ですが、標《ひょう》高《こう》724mにある芦《あし》ノ湖《こ》への道《みち》のりは険《けわ》しく、小田原《おだわら》から**山登《やまのぼ》りが得意《とくい》な3種類《しゅるい》の乗《の》り物《もの》**が結《むす》んでいます。

まず、**箱根登山電車《はこねとざんでんしゃ》**（小田急箱根鉄道線《おだきゅうはこねてつどうせん》）が小田原《おだわら》から強羅《ごうら》を目指《めざ》します。箱根湯本《はこねゆもと》から急《きゅう》な山登《やまのぼ》りが始《はじ》まり、レールと車輪《しゃりん》の摩擦《まさつ》による粘着運転《ねんちゃくうんてん》では日本《にほん》でもっともきつい**80パーミル**（1kmで80mの高低差《こうていさ》）という坂《さか》があり、登《のぼ》りきれない場合《ばあい》はジグザグに折《お》り返《かえ》す**スイッチバック**をしながら走《はし》ります。終点《しゅうてん》の強羅《ごうら》では**箱根登山《はこねとざん》ケーブルカー**（小田急箱根鋼索線《おだきゅうはこねこうさくせん》）に乗《の》り換《か》えです。

ここからは粘着運転《ねんちゃくうんてん》では不可能《ふかのう》な、もっと急《きゅう》な坂《さか》をケーブルカー（鋼索鉄道《こうさくてつどう》）で早雲《そううん》山《ざん》まで登《のぼ》ります。全《ぜん》6駅《えき》はわずか1・2kmですが標高差《ひょうこうさ》が209mにもなります。早《そう》雲《うん》山《ざん》から芦《あし》ノ湖《こ》まではさらに山《やま》の高低差《こうていさ》が激《はげ》しくなるため、急斜面《きゅうしゃめん》の空《そら》をゴンドラで移動《いどう》する**箱根《はこね》ロープウェイ**の出番《でばん》。これが芦《あし》ノ湖《こ》近《ちか》くの桃源台《とうげんだい》まで運《はこ》んでくれます。

ロープウェイには線路《せんろ》がありませんが、**索道《さくどう》**という鉄道《てつどう》の仲間《なかま》です。そう、3種類《しゅるい》の乗《の》り物《もの》はすべて個性的《こせいてき》な鉄道《てつどう》なのです。

箱根《はこね》ロープウェイに乗《の》ると、噴煙《ふんえん》を上《あ》げる大涌谷《おおわくだに》で箱根《はこね》が活火山《かっかざん》だと実感《じっかん》する。

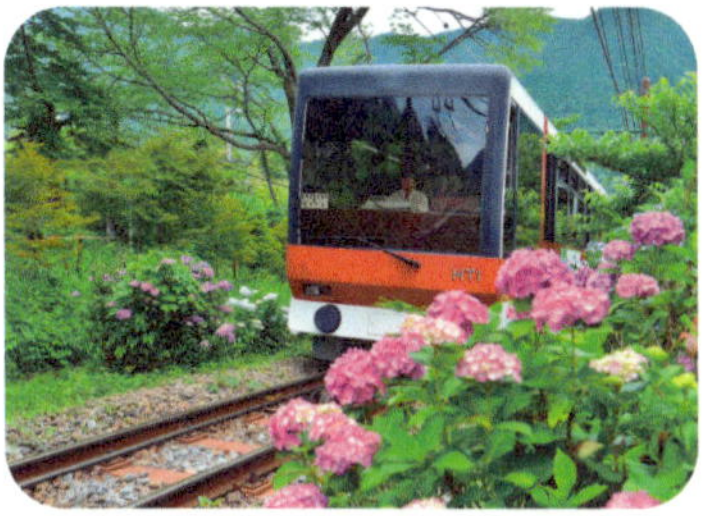

急勾配《きゅうこうばい》が続《つづ》く箱根登山《はこねとざん》ケーブルカー。6月頃《がつごろ》は、満開《まんかい》のあじさいが出迎《でむか》える。

小田原《おだわら》と芦《あし》ノ湖《こ》を結《むす》ぶ箱根《はこね》の路線図《ろせんず》

国土地理院地図を元に作成

青《あお》→緑《みどり》→黄《き》→赤《あか》と、小田原駅《おだわらえき》からどんどん高《たか》さが上《あ》がるのがわかる。

スイッチバックでジグザグに山《やま》を登《のぼ》る箱根登山電車《はこねとざんでんしゃ》。古《ふる》い車両《しゃりょう》もまだまだ現役《げんえき》だ。

豆《まめ》知《ち》識《しき》

箱根登山電車《はこねとざんでんしゃ》は1919（大正《たいしょう》8）年《ねん》の開業《かいぎょう》で、箱根山《はこねやま》の自然景観《しぜんけいかん》をそこなわないように建設《けんせつ》されました。地図《ちず》の等高線《とうこうせん》に沿《そ》うように自然《しぜん》に逆《さか》らわず線路《せんろ》が敷《し》かれ、3分《ぶん》の1は景観《けいかん》を壊《こわ》さないトンネルです。

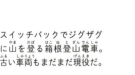

36

初詣《はつもうで》で有名《ゆうめい》な京急大師線《けいきゅうだいしせん》には東京《とうきょう》よりも先《さき》に電車《でんしゃ》が走《はし》った！

京浜急行電鉄《けいひんきゅうこうでんてつ》は、1899（明治《めいじ》32）年《ねん》1月《がつ》に川崎《かわさき》〜大師間《だいしかん》を開業《かいぎょう》させた**大師電気《だいしでんき》鉄道《てつどう》**に始《はじ》まります。これは現在《げんざい》の**大師線《だいしせん》**で、京都《きょうと》、名古屋《なごや》に次《つ》ぐ**日本《にほん》で3番目《ばんめ》の電車《でんしゃ》が走《はし》る電気鉄道《でんきてつどう》**でした。当時《とうじ》は東京《とうきょう》でも馬《うま》が客車《きゃくしゃ》をひく馬車鉄道《ばしゃてつどう》が走《はし》っていて、街中《まちなか》は馬《うま》の糞《ふん》だらけの時代《じだい》でしたから、大師線《だいしせん》はとても先進的《せんしんてき》でした。開業日《かいぎょうび》の1月《がつ》21日《にち》は**川崎大師《かわさきだいし》**のご縁日《えんにち》で、初詣《はつもうで》の参拝客《さんぱいきゃく》を乗《の》せて約《やく》2kmを2両編成《りょうへんせい》の電車《でんしゃ》がいったりきたりしました。開業《かいぎょう》した頃《ころ》の川崎駅《かわさきえき》は、多摩《たま》川《がわ》の六郷橋《ろくごうばし》のたもとにありました。

大師電気鉄道《だいしでんきてつどう》は川崎大師《かわさきだいし》に参拝《さんぱい》する乗客《じょうきゃく》でにぎわいましたが、すぐに**京浜電気鉄道《けいひんでんきてつどう》**と社名《しゃめい》を変《か》えて、今度《こんど》は品川《しながわ》〜川崎《かわさき》〜神奈《かな》川間《がわかん》にも電車《でんしゃ》を走《はし》らせます。当時《とうじ》、並行《へいこう》する**官設鉄道《かんせつてつどう》**（現在《げんざい》の東海道本線《とうかいどうほんせん》）の列車《れっしゃ》はまだ蒸気機関車《じょうききかんしゃ》で1日《にち》2往復《おうふく》でしたが、京《けい》浜電気鉄道《ひんでんきてつどう》は7〜8分間隔《ふんかんかく》、所要時間《しょようじかん》55分《ふん》で運転《うんてん》し、しかも煙《けむり》の出《で》ない電車《でんしゃ》なので有《ゆう》利《り》でした。これに対抗《たいこう》して、官設鉄道《かんせつてつどう》は新《しん》橋《ばし》〜横浜間《よこはまかん》を27分《ふん》で運転《うんてん》する最急行列車《さいきゅうこうれっしゃ》を走《はし》らせますが、運転本数《うんてんほんすう》の多《おお》い京浜電気鉄《けいひんでんきてつ》道《どう》の電車《でんしゃ》にはかないませんでした。

京急大師線《けいきゅうだいしせん》の路線図《ろせんず》

国土地理院地図を元に作成

大師線《だいしせん》を走《はし》る600形電車《がたでんしゃ》。川崎大師《かわさきだいし》の参拝客《さんぱいきゃく》が多《おお》い1月《がつ》は運転本数《うんてんほんすう》が増《ふ》える。

大師線《だいしせん》でアクセス抜群《ばつぐん》、人《ひと》でにぎわう川崎大師《かわさきだいし》の仲見世通《なかみせどお》り。

豆知識《まめちしき》

京浜電気鉄道《けいひんでんきてつどう》はのちに京浜急行電鉄《けいひんきゅうこうでんてつ》となり、特急《とっきゅう》を高速運転《こうそくうんてん》して東海《とうかい》道本線《どうほんせん》に対抗《たいこう》します。現在《げんざい》も快特《かいとく》や特急《とっきゅう》が競《きそ》うように走《はし》っていますが、東海道本線《とうかいどうほんせん》とのライバル関係《かんけい》は明治時代《めいじじだい》に始《はじ》まっていたのです。

37 京急《けいきゅう》が昭和時代《しょうわじだい》に考《かんが》えた三浦半島《みうらはんとう》ぐるり一周計画《いっしゅうけいかく》

京急電鉄《けいきゅうでんてつ》の黄金町《こがねちょう》から浦賀《うらが》までの本線《ほんせん》と逗子線《ずしせん》は、もともと**湘南電気鉄道《しょうなんでんきてつどう》**が1930（昭和《しょうわ》5）年《ねん》4月《がつ》に開業《かいぎょう》させました。湘南電気鉄道《しょうなんでんきてつどう》には**横浜《よこはま》から三浦半島《みうらはんとう》を一周《いっしゅう》する計画《けいかく》**があって、開業区間《かいぎょうくかん》は計画線《けいかくせん》の一部《いちぶ》でした。その後《ご》、同社《どうしゃ》に協力《きょうりょく》する**京《けい》浜電気鉄道《ひんでんきてつどう》**（104ページ）と連絡《れんらく》するため線路《せんろ》を延《の》ばし、翌年《よくねん》に日《ひ》ノ出町《でちょう》で結《むす》ばれ、のちに乗《の》り入《い》れを開始《かいし》。これにより品川《しながわ》から三浦半島《みうらはんとう》に電車《でんしゃ》が直通運転《ちょくつううんてん》され、現在《げんざい》の京急線《けいきゅうせん》がほぼ完成《かんせい》します。その後《ご》、2社《しゃ》は合併《がっぺい》して**京浜急行電鉄《けいひんきゅうこうでんてつ》**となりました。三浦《みうら》半島一周計画《はんとういっしゅうけいかく》は、お金《かね》がかかることなどを理由《りゆう》に実現《じつげん》しませんでしたが、計画《けいかく》の一部《いちぶ》だった**久里浜線《くりはません》**が開業《かいぎょう》しています。

湘南電気鉄道《しょうなんでんきてつどう》の最初《さいしょ》の車両《しゃりょう》は大《おお》きな窓《まど》と**セミクロスシート**（101ページ）のある傑作《けっさく》で、京浜電気鉄道《けいひんでんきてつどう》は日本《にほん》の電車《でんしゃ》で初《はじ》めてセミクロスシートを採用《さいよう》したものでした。京急《けいきゅう》となってからもセミクロスシートの特急《とっきゅう》を走《はし》らせているほか、サービスがとても充実《じゅうじつ》。「快特《かいとく》」列車《れっしゃ》などは追加料金《ついかりょうきん》がいらず、車両《しゃりょう》のすべてがクロスシートですが、これも関東《かんとう》の私鉄《してつ》では京急《けいきゅう》だけです。

京急《けいきゅう》の路線《ろせん》と予定《よてい》していた路線《ろせん》

日《ひ》ノ出町駅《でちょうえき》の上《のぼ》りホームにある、タイルで描《えが》かれた三浦半島《みうらはんとう》（茶色部分《ちゃいろぶぶん》）。夢《ゆめ》の計画《けいかく》が感《かん》じられる。

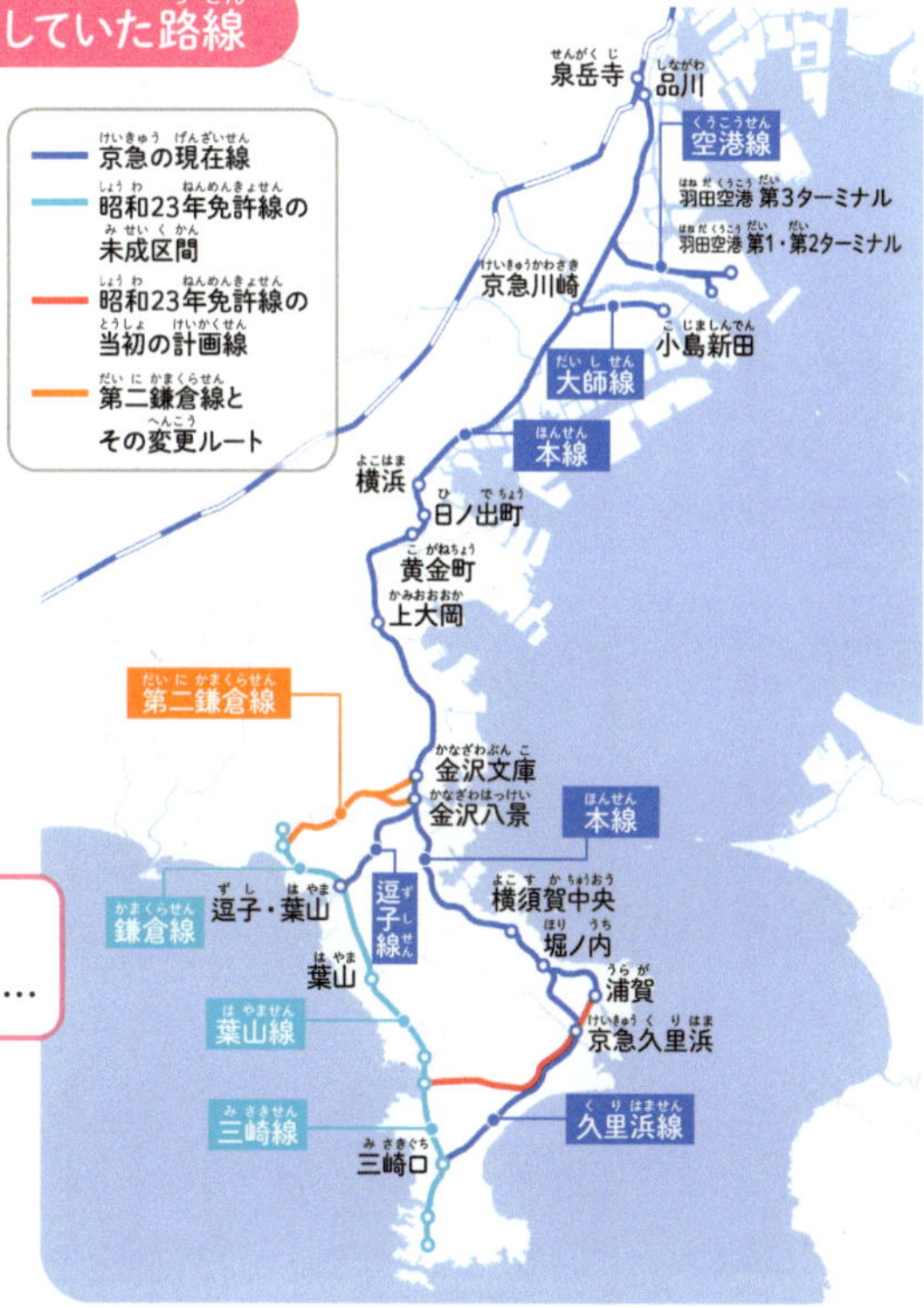

湘南電気鉄道《しょうなんでんきてつどう》のデ1形《がた》。地下鉄《ちかてつ》に乗《の》り入《い》れるため車体《しゃたい》サイズは東京《とうきょう》メトロ銀座線《ぎんざせん》とほぼ同《お》じ。

進行方向《しんこうほうこう》を向《む》いて座《すわ》れるクロスシートを採用《さいよう》している現役《げんえき》の京急《けいきゅう》2100形《がた》。

豆知識《まめちしき》

湘南電気鉄道《しょうなんでんきてつどう》と京浜電気鉄道《けいひんでんきてつどう》は品川《しながわ》から地下鉄《ちかてつ》で東京地下鉄道《とうきょうちかてつどう》（現在《げんざい》の東京《とうきょう》メトロ銀座線《ぎんざせん》）に乗《の》り入《い》れ、都心《としん》と三浦半島《みうらはんとう》を結《むす》ぶ計画《けいかく》でした。のちに京急《けいきゅう》は都営地下鉄浅草線《とえいちかてつあさくさせん》と直通運転《ちょくつううんてん》し、それが実現《じつげん》しました。

38 急《きゅう》な山《やま》を越《こ》えていく御殿場線《ごてんばせん》が昭和初期《しょうわしょき》まで東海道線《とうかいどうせん》だった？

険《けわ》しい山《やま》が続《つづ》く**箱根越《はこねご》え**は、江戸時代《えどじだい》から旅人《たびびと》が苦労《くろう》した難所《なんしょ》です。**東海道本線《とうかいどうほんせん》**は1934（昭和《しょうわ》9）年《ねん》に開通《かいつう》した**丹那《たんな》トンネル**で通過《つうか》していますが、それまでは**国府津《こうづ》から御殿場《ごてんば》を頂点《ちょうてん》に沼津《ぬまづ》**まで、連続《れんぞく》25パーミル（1㎞で25ｍの高低差《こうていさ》）もある急《きゅう》な坂道《さかみち》を、最後部《さいこうぶ》に**補助機関車《ほじょきかんしゃ》を連結《れんけつ》**して山《やま》を登《のぼ》りました。なかでも東京《とうきょう》～神戸間《こうべかん》を9時間《じかん》で結《むす》んだ超特急《ちょうとっきゅう》「燕《つばめ》」は、わずか30秒停車《びょうていしゃ》の国府津《こうづ》で後《うし》ろに補助機関車《ほじょきかんしゃ》を連結《れんけつ》し、御殿場《ごてんば》で走行中《そうこうちゅう》に後押《あとお》しを終《お》えた補助機関車《ほじょきかんしゃ》を切《き》り離《はな》し、名古屋《なごや》まで無停車《むていしゃ》で運転《うんてん》しました。急《きゅう》な坂《さか》に強《つよ》いマレー式《しき》と呼《よ》ばれる1両《りょう》に2組《くみ》の走行装置《そうこうそうち》がある機関車《きかんしゃ》もアメリカやドイツから輸入《ゆにゅう》されました。

丹那《たんな》トンネルが開通《かいつう》すると国府津《こうづ》～沼津間《ぬまづかん》は東海道本線《とうかいどうほんせん》の役割《やくわり》を終《お》え、現在《げんざい》の**御殿場線《ごてんばせん》**になりました。複線《ふくせん》（上《のぼ》り下《くだ》り2線《せん》）だった線路《せんろ》は1線外《せんはず》して単線《たんせん》になり、普通列車《ふつうれっしゃ》が中心《ちゅうしん》のひっそりとした路線《ろせん》に姿《すがた》を変《か》えました。それでも、特急《とっきゅう》や急行列車《きゅうこうれっしゃ》が停《と》まった長《なが》いホームや広《ひろ》い駅構内《えきこうない》、複線分《ふくせんぶん》の線路用地《せんろようち》、鉄橋《てっきょう》やトンネルに、華《はな》やかだった東海道本線時代《とうかいどうほんせんじだい》が感《かん》じられます。

御殿場線《ごてんばせん》の路線図《ろせんず》

国土地理院地図を
元に作成

箱根《はこね》の山《やま》を越《こ》えるための重要駅《じゅうようえき》だった
山北駅《やまきたえき》は、構内《こうない》が広《ひろ》くホームも長《なが》い。

山北駅《やまきたえき》と谷峨駅《やがえき》の間《あいだ》に
ある第二酒匂川橋梁《だいにさかわがわきょうりょう》。

昔《むかし》は蒸気機関車《じょうききかんしゃ》を
2両使《りょうつか》って急《きゅう》な坂《さか》を
乗《の》り越《こ》えたんだ！

豆知識《まめちしき》

蒸気機関車《じょうききかんしゃ》の基地《きち》はかつて、国府津《こうづ》、山北《やまきた》、沼津《ぬまづ》にありました。補助《ほじょ》機関車《きかんしゃ》をおもに連結《れんけつ》した山北《やまきた》は、その名残《なごり》として現在《げんざい》も広《ひろ》い構内《こうない》が残《のこ》っているほか、D52形蒸気機関車《がたじょうききかんしゃ》も保存《ほぞん》されています。

39

神奈川《かながわ》を縦断《じゅうだん》して全国《ぜんこく》へ！ 東海道《とうかいどう》貨物線《かもつせん》のすごい輸送力《ゆそうりょく》

東海道本線《とうかいどうほんせん》は日本《にほん》を代表《だいひょう》する幹線《かんせん》で、大量《たいりょう》に物《もの》を運《はこ》ぶ**貨物列車《かもつれっしゃ》**も数多《かずおお》く走《はし》り、**北海道《ほっかいどう》から九州《きゅうしゅう》まで**を結《むす》んでいます。

しかし、東海道本線《とうかいどうほんせん》は旅客列車《りょかくれっしゃ》の本数《ほんすう》が多《おお》いため、スピードなどが異《こと》なる貨物列車《かもつれっしゃ》が走《はし》るとなめらかな運行《うんこう》ができません。そこで、まったく別《べつ》ルートの貨物線《かもつせん》や線路《せんろ》の隣《となり》にもう2線建設《せんけんせつ》し、旅客列車《りょかくれっしゃ》と貨物列車《かもつれっしゃ》を分《わ》けることにしました。こうして誕生《たんじょう》した貨物用《かもつよう》の線路《せんろ》が**東海道貨物線《とうかいどうかもつせん》**です。

品川《しながわ》〜鶴見間《つるみかん》の通称《つうしょう》**品鶴線《ひんかくせん》**と東京貨物《とうきょうかもつ》ターミナル〜八丁畷《はっちょうなわて》、鶴見《つるみ》〜東戸塚間《ひがしとつかかん》は多《おお》くの貨物列車《かもつれっしゃ》が走《はし》る別《べつ》ルートの貨物線《かもつせん》です。品鶴線《ひんかくせん》は1929（昭和《しょうわ》4）年《ねん》に開業《かいぎょう》した古《ふる》い路線《ろせん》で、途中《とちゅう》に貨車《かしゃ》を行《い》き先別《さきべつ》に仕分《しわ》けする新鶴見操車場《しんつるみそうしゃじょう》（廃止《はいし》）や機関車《きかんしゃ》の基地《きち》の新鶴見機関区《しんつるみきかんく》が設《もう》けられました。

鶴見《つるみ》〜東戸塚間《ひがしとつかかん》は、横浜駅《よこはまえき》を通《とお》らず途中《とちゅう》に貨物専用《かもつせんよう》の**横浜羽沢駅《よこはまはざわえき》**があります。現在《げんざい》はこれらの貨物線《かもつせん》を利用《りよう》して横須賀線《よこすかせん》や湘南《しょうなん》新宿《しんじゅく》ライン、相鉄線直通《そうてつせんちょくつう》など各方面《かくほうめん》への旅客列車《りょかくれっしゃ》も走《はし》ります。貨物列車《かもつれっしゃ》の行《い》き先《さき》も札幌《さっぽろ》、名古屋《なごや》、福岡《ふくおか》などさまざまで、遠《とお》い終着地《しゅうちゃくち》を思《おも》い浮《う》かべるのも鉄道《てつどう》の楽《たの》しみです。

東海道《とうかいどう》貨物《かもつ》線《せん》と貨物《かもつ》のおもなルート

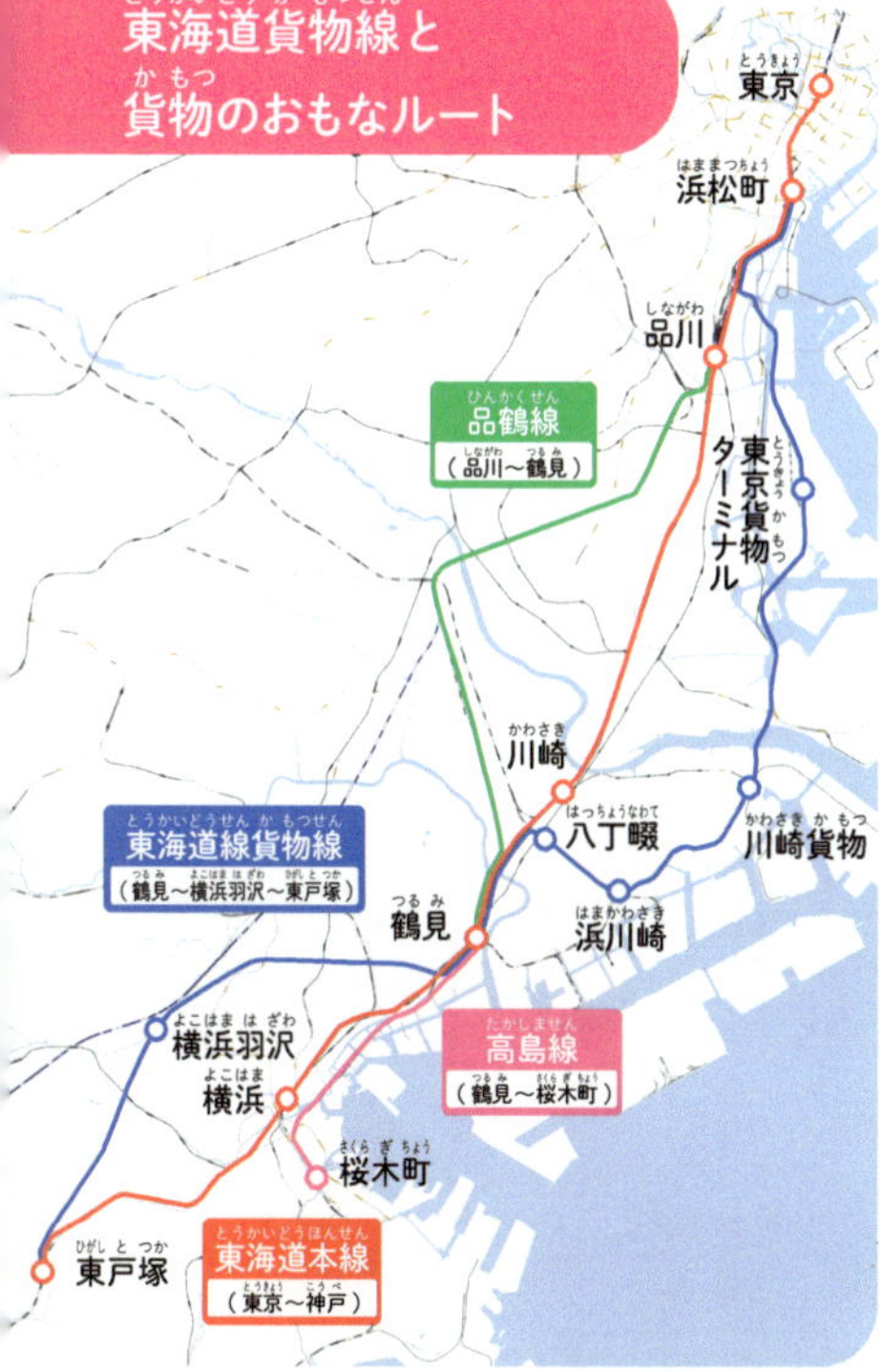

国土地理院地図を元に作成

品鶴線《ひんかくせん》の新鶴見信号場《しんつるみしんごうじょう》で発車《はっしゃ》を待《ま》つ貨物列車《かもつれっしゃ》（左《ひだり》）と湘南新宿《しょうなんしんじゅく》ライン（右《みぎ》）。

神奈川《かながわ》には貨物列車《かもつれっしゃ》の日本代表《にほんだいひょう》が走《はし》っているみたい！

空《そら》から見《み》た川崎貨物駅《かわさきかもつえき》。東海道本線《とうかいどうほんせん》の貨物線《かもつせん》だけでなく、神奈川臨海鉄道《かながわりんかいてつどう》（貨物《かもつ》）の浮島線《うきしません》と千鳥線《ちどりせん》も乗《の》り入《い》れている。

撮影：国土地理院

豆《まめ》知《ち》識《しき》

一般《いっぱん》に東海道貨物線《とうかいどうかもつせん》と呼《よ》ばれている路線《ろせん》は、正式《せいしき》には東海道本線《とうかいどうほんせん》といいます。品鶴線《ひんかくせん》などもすべて通称《つうしょう》で、東海道本線《とうかいどうほんせん》の支線《しせん》です。このほか、大阪地区《おおさかちく》には北方貨物線《ほっぽうかもつせん》、特急列車《とっきゅうれっしゃ》も走《はし》る梅田貨物線《うめだかもつせん》があります。

40 横浜線《よこはません》にある直線区間《ちょくせんくかん》で秘密《ひみつ》の大実験《だいじっけん》が行《おこな》われた!?

日本《にほん》の鉄道《てつどう》の線路《せんろ》の幅《はば》（軌間《きかん》）は、一部《いちぶ》の私鉄《してつ》を除《のぞ》きほとんどが**狭軌《きょうき》**と呼《よ》ばれる1067㎜です。JR線《せん》は新幹線《しんかんせん》以外《いがい》この幅《はば》ですが、世界的《せかいてき》には幅《はば》の広《ひろ》い1435㎜の**標準軌《ひょうじゅんき》**が主流《しゅりゅう》です。線路《せんろ》の幅《はば》が広《ひろ》いと走《はし》りが安定《あんてい》し、車体《しゃたい》を大《おお》きくすることもできます。しかし日本《にほん》は、初《はじ》めて鉄道《てつどう》を建設《けんせつ》するときに幅《はば》の狭《せま》い狭軌《きょうき》を選《えら》びました。

狭軌《きょうき》は建設費《けんせつひ》が安《やす》いなどの長所《ちょうしょ》がありますが、急《いそ》いで軌間《きかん》を広《ひろ》げるべきだと考《かんが》える人《ひと》たちも多《おお》く、1917（大正《たいしょう》6）年《ねん》に**狭《きょう》軌《き》を標準軌《ひょうじゅんき》に広《ひろ》げる試験《しけん》**が行《おこな》われました。

実験場所《じっけんばしょ》は、当時《とうじ》、**八浜線《はっぴんせん》**と呼《よ》ばれた**横《よこ》浜線《はません》の原町田《はらまちだ》（現在《げんざい》の町田《まちだ》）～橋本間《はしもとかん》の約《やく》10kmある直線区間《ちょくせんくかん》**です。ここに3～4線《せん》のレールを敷《し》き、ふたつの幅《はば》の車輪《しゃりん》が交換《こうかん》できる車両《しゃりょう》を用意《ようい》して大実験《だいじっけん》をしました。結《けっ》果《か》は大成功《だいせいこう》でしたが、政府《せいふ》は線路幅《せんろはば》を変《か》えませんでした。

この実験《じっけん》が生《い》かされたのは、約《やく》50年後《ねんご》に開業《かいぎょう》した**東海道新幹線《とうかいどうしんかんせん》**です。標準軌《ひょうじゅんき》で大型《おおがた》の車体《しゃたい》、強力《きょうりょく》なモーターにより時速《じそく》210㎞で走《はし》った高速鉄道《こうそくてつどう》は大成功《だいせいこう》を収《おさ》めて、世《せ》界《かい》にも大《おお》きな影響《えいきょう》を与《あた》えたのです。

横浜線《よこはません》の直線区間《ちょくせんくかん》（町田《まちだ》〜橋本《はしもと》）

国土地理院地図を元に作成

空《そら》から見《み》た横浜線《よこはません》の直線区間《ちょくせんくかん》。大学《だいがく》や公園《こうえん》が多《おお》い矢部《やべ》〜淵野辺駅《ふちのべえき》エリアで、左上《ひだりうえ》はアメリカ軍《ぐん》の施設《しせつ》。

撮影：国土地理院

直線区間《ちょくせんくかん》にあたる、町田《まちだ》〜古淵駅間《こぶちえきかん》を走《はし》る横浜線《よこはません》。ここで未来《みらい》の新幹線《しんかんせん》につながる実験《じっけん》が行《おこな》われた。

横浜線《よこはません》の実験《じっけん》が新幹線《しんかんせん》と関係《かんけい》したの？

豆《まめ》知《ち》識《しき》

1435㎜の標準軌《ひょうじゅんき》より幅《はば》が狭《せま》いものを狭軌《きょうき》、広《ひろ》いものを広軌《こうき》と呼《よ》び、標準軌《ひょうじゅんき》以外《いがい》は長《なが》さがさまざまです。また、日本《にほん》には軌間《きかん》が762㎜のナローゲージもあります（三重県《みえけん》の四日市《よっかいち》あすなろう鉄道《てつどう》など）。

41 都心《としん》や埼玉《さいたま》に直接《ちょくせつ》つながる 相鉄《そうてつ》・東急《とうきゅう》の新横浜線《しんよこはません》が開業《かいぎょう》

横浜《よこはま》を始発駅《しはつえき》にして神奈川県《かながわけん》に路線《ろせん》をもつ**相模鉄道《さがみてつどう》**は、首都圏《しゅとけん》の大手私鉄《おおてしてつ》で唯一《ゆいいつ》ほかの会社《かいしゃ》と直通運転《ちょくつううんてん》を行《おこな》わず、都心《としん》にも向《む》かっていませんでした。それが２０１９（令和元《れいわがん》）年《ねん》11月《がつ》、相鉄《そうてつ》・ＪＲ直通線《ちょくつうせん》の開業《かいぎょう》により、ＪＲ・私鉄《してつ》・地下鉄《ちかてつ》との直通運転《ちょくつううんてん》、都心《としん》への乗《の》り入《い》れが始《はじ》まりました。

相鉄《そうてつ》・ＪＲ直通線《ちょくつうせん》は**西谷《にしや》から連絡線《れんらくせん》を建設《けんせつ》**し、新駅《しんえき》の羽沢横浜国大駅《はざわよこはまこくだいえき》から東海道貨物線《とうかいどうかもつせん》（１１０ページ）に接続《せつぞく》してＪＲ埼京線《さいきょうせん》と乗《の》り換《か》えのない直通運転《ちょくつううんてん》をします。これによって、相鉄線《そうてつせん》と東京都区内《とうきょうとくない》や埼玉県《さいたまけん》が結《むす》ばれてとても便利《べんり》になりました。

２０２３（令和《れいわ》5）年《ねん》3月《がつ》には東急東横線《とうきゅうとうよこせん》に接続《せつぞく》する**相鉄《そうてつ》・東急新横浜線《とうきゅうしんよこはません》**が開業《かいぎょう》。東急東横線《とうきゅうとうよこせん》、目黒線《めぐろせん》を通《つう》じて東京《とうきょう》メトロ、都営地下鉄《とえいちかてつ》、東武鉄道《とうぶてつどう》、埼玉高速鉄道《さいたまこうそくてつどう》との直通運転《ちょくつううんてん》も始《はじ》まり、**7私鉄《してつ》・都営地下鉄《とえいちかてつ》14路線《ろせん》を結《むす》ぶ広大《こうだい》な鉄道《てつどう》ネットワークが完成《かんせい》**し、目的地《もくてきち》までの時間《じかん》がとても短《みじか》くなりました。この開業《かいぎょう》によって、美《うつく》しい青色《あおいろ》の相鉄電車《そうてつでんしゃ》が都心《としん》や埼玉《さいたま》を走《はし》り、相鉄線《そうてつせん》でもＪＲや東急《とうきゅう》などいろいろな電車《でんしゃ》が見《み》られ、とても楽《たの》しくにぎやかになりました。

新横浜線《しんよこはません》でつながった鉄道網《てつどうもう》

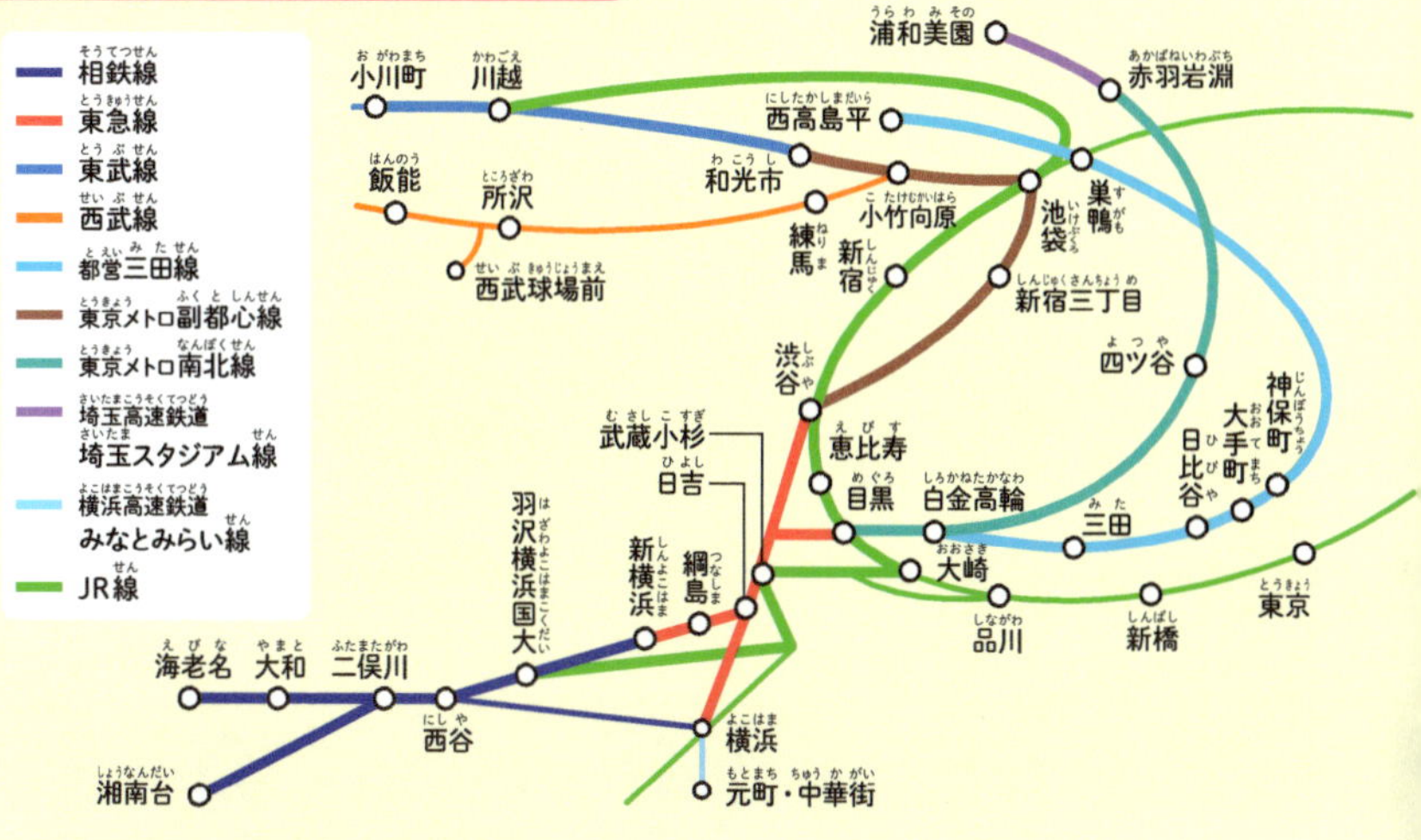

相模鉄道ほか鉄道各線のプレスリリースを基に作成

相鉄新横浜線《そうてつしんよこはません》から羽沢横浜国大駅《はざわよこはまこくだいえき》に入線《にゅうせん》する相鉄《そうてつ》12000系《けい》。左右《さゆう》はJR線《せん》に接続《せつぞく》する線路《せんろ》。

東急東横線日吉駅《とうきゅうとうよこせんひよしえき》からトンネルで新横浜駅《しんよこはまえき》に向《む》かう東急新横浜線《とうきゅうしんよこはません》の列車《れっしゃ》。

豆《まめ》知《ち》識《しき》

直通運転用《ちょくつううんてんよう》につくられた相鉄《そうてつ》20000・21000・12000系電車《けいでんしゃ》の前頭部《ぜんとうぶ》のしま模様《もよう》は、廃止《はいし》された寝台特急《しんだいとっきゅう》の機関車《きかんしゃ》をイメージしています。快適《かいてき》で豪華《ごうか》な車内《しゃない》には相鉄電車伝統《そうてつでんしゃでんとう》の鏡《かがみ》もあります。

42 工業地帯《こうぎょうちたい》を走《はし》る鶴見線《つるみせん》は人《ひと》の名前《なまえ》ばかりが駅名《えきめい》に？

工業地帯《こうぎょうちたい》に線路《せんろ》が延《の》びる鶴見線《つるみせん》は、私鉄《してつ》の**鶴見臨港鉄道《つるみりんこうてつどう》**により1927（昭和《しょうわ》2）年《ねん》に開業《かいぎょう》しました。この路線《ろせん》がユニークなのは、駅名《えきめい》の多《おお》くを沿線《えんせん》に関係《かんけい》する昔《むかし》の**実業家《じつぎょうか》の人名《じんめい》**にちなんで命名《めいめい》したことです。

「鶴見小野《つるみおの》」は地元《じもと》の大地主《おおじぬし》の**小野重行《おのしげゆき》**、「浅野《あさの》」は浅野財閥《あさのざいばつ》（多《おお》くの会社《かいしゃ》を経営《けいえい》する企業家一族《きぎょうかいちぞく》のグループ）をつくり鶴見臨港鉄道《つるみりんこうてつどう》を設立《せつりつ》した**浅野総一郎《あさのそういちろう》**、「安善《あんぜん》」は安田財閥《やすだざいばつ》をつくって鶴見臨港鉄道《つるみりんこうてつどう》を支《ささ》えた**安田善次郎《やすだぜんじろう》**、「武蔵白石《むさししらいし》」は日本鋼管《にほんこうかん》という会社《かいしゃ》をつくった**白石元治郎《しらいしもとじろう》**、「大川《おおかわ》」は製紙会社《せいしがいしゃ》をいくつもおこした**大川平三郎《おおかわへいざぶろう》**、「扇町《おうぎまち》」は**浅野家《あさのけ》の家紋《かもん》の扇《おうぎ》**にちなんでいます。また、「海芝浦《うみしばうら》」「新芝浦《しんしばうら》」は東芝《とうしば》の昔《むかし》の会社名《かいしゃめい》・**芝浦製作所《しばうらせいさくしょ》**、「昭和《しょうわ》」は**昭和電工《しょうわでんこう》**（現在《げんざい》のレゾナック）の企業名《きぎょうめい》からつけられた駅名《えきめい》です。

そもそも鶴見臨港鉄道《つるみりんこうてつどう》は、工場《こうじょう》などへ貨物《かもつ》や人《ひと》を運《はこ》ぶために設立《せつりつ》されました（現在《げんざい》はＪＲの路線《ろせん》）。昔《むかし》はたくさんの貨物列車《かもつれっしゃ》が走《はし》って、工場《こうじょう》への専用線《せんようせん》が枝分《えだわ》かれしていましたが、現在《げんざい》の主役《しゅやく》はトラックに。貨物列車《かもつれっしゃ》の運行《うんこう》はわずかとなりました。

鶴見線《つるみせん》の路線図《ろせんず》

国土地理院地図を元に作成

鶴見臨港鉄道時代《つるみりんこうてつどうじだい》の雰囲気《ふんいき》が残《のこ》る鶴見駅《つるみえき》。最新型電車《さいしんがたでんしゃ》の E131 系《けい》 1000 番台《ばんだい》が走《はし》る。

安田善次郎《やすだぜんじろう》の名前《なまえ》が由来《ゆらい》の安善駅《あんぜんえき》の駅舎《えきしゃ》。鶴見線《つるみせん》は鶴見駅以外《つるみえきいがい》はすべてが無人駅《むじんえき》だ。

鶴見線《つるみせん》の数少《かずすく》ない貨物列車《かもつれっしゃ》。安善《あんぜん》からアメリカ軍《ぐん》の横田基地《よこたきち》へジェット燃料《ねんりょう》を運《はこ》んでいる。

豆知識《まめちしき》

鶴見線《つるみせん》は鶴見臨港鉄道時代《つるみりんこうてつどうじだい》の雰囲気《ふんいき》を駅《えき》に残《のこ》し、鶴見《つるみ》、国道《こくどう》の構内《こうない》は開業時《かいぎょうじ》から変《か》わりません。海芝浦駅《うみしばうらえき》はホームで東京湾《とうきょうわん》が眺《なが》められる駅《えき》ですが、東芝《とうしば》の敷地《しきち》にあるため関係者以外《かんけいしゃいがい》は外《そと》へ出《で》られません。

43 もともと路面電車《ろめんでんしゃ》だった江《え》ノ電《でん》には魅《み》力《りょく》がいっぱい！

江《え》ノ電《でん》こと**江《え》ノ島《しま》電鉄**の歴史《れきし》は古《ふる》く、1902（明治《めいじ》35）年《ねん》に江之島電気鉄道《えのしまでんきてつどう》という**路面電車《ろめんでんしゃ》**で開業《かいぎょう》しています。車両《しゃりょう》も地《ち》上《じょう》から乗《の》り降《お》りする路面電車《ろめんでんしゃ》タイプでしたが、1945（昭和《しょうわ》20）年《ねん》に地方鉄道《ちほうてつどう》となり、その後《ご》ホームの高《たか》さも上《あ》げて、1956（昭和《しょうわ》31）年《ねん》からはステップのない鉄道線《てつどうせん》タイプの車両《しゃりょう》がつくられています。

江《え》ノ電《でん》の現役車両《げんえきしゃりょう》でもっとも古《ふる》い**300形《がた》**はこの当時《とうじ》の車両《しゃりょう》ですが、ほかの江《え》ノ電《でん》の車両《しゃりょう》も共通《きょうつう》でおもしろいのは、路面電車《ろめんでんしゃ》の名残《なごり》があることです。まず、中央《ちゅうおう》にある**運転台《うんてんだい》**。道路《どうろ》を走《はし》るので視界《しかい》を確保《かくほ》するなどの役割《やくわり》がありますが、運転台《うんてんだい》のうしろからの眺《なが》めも抜群《ばつぐん》です。そして、かわいらしい**短《みじか》い車体《しゃたい》**。急《きゅう》カーブを曲《ま》がるため、江《え》ノ電《でん》はさらに2車体《しゃたい》の間《あいだ》に台車《だいしゃ》のある**連接車《れんせつしゃ》**を採用《さいよう》。そんな電車《でんしゃ》が民家《みんか》の軒先《のきさき》をすれすれに走《はし》り、江《え》ノ島《しま》〜腰越間《こしごえかん》には道路《どうろ》を走《はし》る**併用軌道《へいようきどう》**もあってスリル満点《まんてん》。家《いえ》の玄関《げんかん》の前《まえ》が線路《せんろ》という風景《ふうけい》も見《み》られます。平均速《へいきんそく》度《ど》が時速約《じそくやく》20㎞と遅《おそ》く、のんびり海《うみ》や江《え》の島《しま》を見《み》ながら小《ちい》さな15駅《えき》をたどると、あっという間《ま》に終点《しゅうてん》・藤沢駅《ふじさわえき》です。

江《え》ノ島電鉄線《しまでんてつせん》の路線図《ろせんず》

国土地理院地図を元に作成

もっとも古《ふる》い 300 形《がた》。江《え》ノ電《でん》は連接車《れんせつしゃ》の 2 両編成《りょうへんせい》が基本《きほん》で、組《く》み合《あ》わせで 4 両《りょう》にもなる。

江《え》ノ電《でん》・腰越《こしごえ》～江《え》ノ島《しま》間の道路《どうろ》との併用軌道《へいようきどう》にある龍口寺前交差点《りゅうこうじまえこうさてん》は、鉄道路線《てつどうろせん》として日本一《にほんいち》の急《きゅう》カーブといわれている。

マンガ『スラムダンク』の聖地《せいち》として、鎌倉高校前《かまくらこうこうまえ》にある踏切《ふみきり》は外国人《がいこくじん》にも大人気《だいにんき》。

豆知識《まめちしき》

江《え》ノ電《でん》の開業当初《かいぎょうとうしょ》は道路《どうろ》を走《はし》る併用軌道《へいようきどう》がたくさんありました。このため、全線開通《ぜんせんかいつう》した 1910（明治《めいじ》43）年《ねん》の駅数《えきすう》は 39 と、営業距離《えいぎょうきょり》10.27㎞に対《たい》して平均約《へいきんやく》260m 間隔《かんかく》で駅《えき》がありました。

湘南《しょうなん》モノレールで楽《たの》しい空中散歩《くうちゅうさんぽ》

湘南《しょうなん》モノレールは、懸垂式《けんすいしき》と呼《よ》ばれるぶら下《さ》がりタイプ。写真《しゃしん》は、大船《おおふな》駅付近《えきふきん》を走《はし》る5000系《けい》。

湘南《しょうなん》モノレール江《え》の島線《しません》は、大船《おおふな》から湘《しょう》南《なん》江《え》の島《しま》までの6.6kmを結《むす》んでいます。開《かい》業《ぎょう》は1970（昭和《しょうわ》45）年《ねん》3月《がつ》で、日本《にほん》の公《こう》共交通《きょうこうつう》では初《はじ》めての懸垂式《けんすいしき》と呼《よ》ばれるぶら下《さ》がり型《がた》のモノレールです。さらに、湘《しょう》南《なん》モノレールの懸垂式《けんすいしき》はサフェージュ式《しき》と呼《よ》ばれ、箱型《はこがた》の筒《つつ》のレールのなかにゴムタイヤの車輪《しゃりん》が収《おさ》まっています。これだと、雨《あめ》の日《ひ》でもスリップする心配《しんぱい》がありません。でも、多《おお》くのモノレールはコンクリートのレールにまたがる跨座式《こざしき》で、日本《にほん》で現役《げんえき》の懸垂式《けんすいしき》は湘南《しょうなん》モノレールと千葉《ちば》都市《とし》モノレールだけです。

湘南《しょうなん》モノレールは、大船《おおふな》と江《え》の島《しま》の間《あいだ》に険《けわ》しい丘《おか》が待《ま》ち構《かま》えています。74パーミル（1kmで74mの高低差《こうていさ》）という急《きゅう》な坂《さか》もありますが、坂道《さかみち》に強《つよ》いゴムタイヤのおかげで元気《げんき》に進《すす》んでいきます。急《きゅう》カーブも多《おお》いなか、最《さい》高速度《こうそくど》は時速《じそく》75km。まるでジェットコースターのような迫力《はくりょく》です。高《たか》いところを走《はし》るので見晴《みは》らしがよく、車窓《しゃそう》も次々《つぎつぎ》に変化《へんか》します。トンネルもふたつあってドキドキ！　湘南《しょうなん》モノレールは乗《の》って楽《たの》しいモノレールです。

ところで、モノレールは何《なん》の乗《の》り物《もの》の仲間《なかま》でしょう？　答《こた》えは1本《ぽん》の（＝モノ）レールで走《はし》る鉄道《てつどう》の仲間《なかま》。日本《にほん》が明治時代《めいじじだい》の頃《ころ》（1898年《ねん》9月《がつ》）、ドイツで試験走行《しけんそうこう》したヴッパータール空中鉄道《くうちゅうてつどう》が世界初《せかいはつ》の本格的《ほんかくてき》なモノレールで、川《かわ》の上《うえ》に軌道《きどう》が建設《けんせつ》されて空《そら》を飛《と》ぶように走《はし》りました。レールと車《しゃ》輪《りん》が鉄《てつ》のランゲン式《しき》と呼《よ》ばれる懸垂式《けんすいしき》で、世界《せかい》で一番古《いちばんふる》いモノレールとして今《いま》も健在《けんざい》です。湘南《しょうなん》モノレールとヴッパータール空中鉄道《くうちゅうてつどう》は、世界《せかい》でも数少《かずすく》ない懸垂式《けんすいしき》モノレールというのが縁《えん》で、2018（平成《へいせい》30）年《ねん》9月《がつ》に「姉《し》妹懸垂式《まいけんすいしき》モノレール協定書《きょうていしょ》」を結《むす》びました。

Part4

神奈川《かながわ》の
びっくりな
産業《さんぎょう》と文化《ぶんか》

日本《にほん》を代表《だいひょう》する工業地帯《こうぎょうちたい》や巨大《きょだい》な港《みなと》の開発《かいはつ》、
最新《さいしん》の科学技術《かがくぎじゅつ》のほかにも、神奈川県《かながわけん》には、
造船《ぞうせん》、用水路《ようすいろ》やダム、木《き》を使《つか》った職人技《しょくにんわざ》など、
知《し》っておきたい技術《ぎじゅつ》や伝統文化《でんとうぶんか》がたくさんあります。
今《いま》に続《つづ》く歴史《れきし》を見《み》ていきましょう。

44

ものづくりで日本《にほん》の発展《はってん》に大《おお》きく貢献《こうけん》した京浜工業地帯《けいひんこうぎょうちたい》

東京湾沿岸《とうきょうわんえんがん》には、1都《と》3県《けん》（東京都《とうきょうと》、神奈川県《かながわけん》、千葉県《ちばけん》、埼玉県《さいたまけん》）にまたがって京浜工業地帯《けいひんこうぎょうちたい》と呼《よ》ばれる工業地帯《こうぎょうちたい》が広《ひろ》がっています。地区《ちく》によって産業《さんぎょう》の特色《とくしょく》は異《こと》なりますが、横浜市《よこはまし》と川崎市《かわさきし》の臨海部《りんかいぶ》は重化学工業《じゅうかがくこうぎょう》が盛《さか》んで、京浜工業地帯《けいひんこうぎょうちたい》の中心《ちゅうしん》を担《にな》っています。

明治時代以後《めいじじだいいご》、日本《にほん》の近代化《きんだいか》を推進《すいしん》するため、東京湾沿岸《とうきょうわんえんがん》には機械業《きかいぎょう》や造船業《ぞうせんぎょう》などの工場《こうじょう》が建《た》てられましたが、工業地帯《こうぎょうちたい》として発展《はってん》したきっかけは、明治末期《めいじまっき》から昭和《しょうわ》初期《しょき》にかけて進《すす》められた横浜《よこはま》と川崎《かわさき》の臨海部《りんかいぶ》の埋立工事《うめたてこうじ》でした。その工事《こうじ》を指揮《しき》したのが浅野財閥《あさのざいばつ》の創始者《そうししゃ》・浅野総一郎《あさのそういちろう》です。工事《こうじ》ではまず運河《うんが》を掘《ほ》り、そこから出《で》た土砂《どしゃ》で沿岸《えんがん》の浅瀬《あさせ》を埋《う》め立《た》て、工場用地《こうじょうようち》をつくりました。さらに大《おお》きな船《ふね》が出入《でい》りできる港《みなと》、道路《どうろ》や鉄道《てつどう》も整備《せいび》されます。

こうしてできた広大《こうだい》な工場用地《こうじょうようち》には、鉄鋼《てっこう》・造船《ぞうせん》・セメント業《ぎょう》を中心《ちゅうしん》に巨大《きょだい》な工場《こうじょう》が数多《かずおお》く建設《けんせつ》され、日本初《にほんはつ》の臨海工業地域《りんかいこうぎょうちいき》「京浜工業地帯《けいひんこうぎょうちたい》」が生《う》まれます。京浜工業地帯《けいひんこうぎょうちたい》はその後《ご》、日本《にほん》の発展《はってん》に大《おお》きく貢献《こうけん》していくことになりました。

鶴見川河口付近《つるみがわかこうふきん》（川崎市《かわさきし》）の移《うつ》り変《か》わり

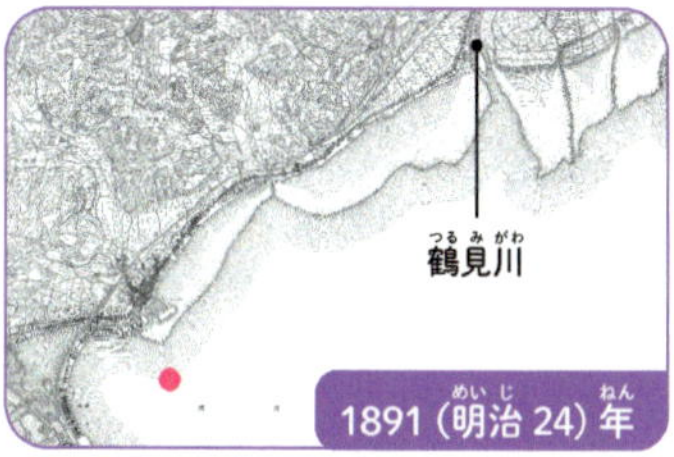

埋立《うめたて》が始《はじ》まる前《まえ》は、遠浅《とおあさ》の海《うみ》が広《ひろ》がっていた。

1：2000「横濱區」明治 24（1891）年更新出版

鶴見川《つるみがわ》の河口域《かこういき》に鶴見臨港鉄道《つるみりんこうてつどう》が 1926 年《ねん》に開業《かいぎょう》し、1928 年頃《ねんごろ》には埋立地《うめたてち》ができていた。

1：25000「横濱東部」昭和 6（1931）年修正測量

扇島地区《おうぎしまちく》のＪＦＥ《ジェイエフイー》スチールの高炉等《こうろとう》の休止《きゅうし》により、川崎臨海部《かわさきりんかいぶ》の新《あら》たな土地利用開発《とちりようかいはつ》が進《すす》められている。

国土地理院地図を元に作成

東京《とうきょう》から横浜《よこはま》にかけての遠浅《とおあさ》の海《うみ》は、埋立《うめたて》にぴったりだったよ！

浅野総一郎《あさのそういちろう》

出典：国立国会図書館「近代日本人の肖像」

京浜工業地帯《けいひんこうぎょうちたい》の風景《ふうけい》。最近《さいきん》は近未来的《きんみらいてき》な工場夜景《こうじょうやけい》を楽《たの》しむバスツアーも開催《かいさい》されている。

豆知識《まめちしき》

「京浜工業地帯《けいひんこうぎょうちたい》の父《ちち》」といわれる浅野総一郎《あさのそういちろう》は、「日本《にほん》のセメント王《おう》」とも呼《よ》ばれた大実業家《だいじつぎょうか》です。浅野《あさの》の進言《しんげん》で横浜市内各所《よこはましないかくしょ》に西洋式《せいようしき》の公衆《こうしゅう》トイレが設置《せっち》されたというエピソードも伝《つた》わっています。

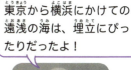

45 木彫刻《もくちょうこく》に漆《うるし》を塗《ぬ》り重《かさ》ねた鎌倉彫《かまくらぼり》と多彩《たさい》な模様《もよう》の箱根寄木細工《はこねよせぎざいく》

歴史《れきし》と伝統《でんとう》ある神奈川県《かながわけん》の工芸品《こうげいひん》といえば、**鎌倉彫《かまくらぼり》**と**箱根寄木細工《はこねよせぎざいく》**が有名《ゆうめい》です。

鎌倉市《かまくらし》とその周辺《しゅうへん》でつくられている鎌倉彫《かまくらぼり》は、今《いま》からおよそ800年前《ねんまえ》の鎌倉《かまくら》時代《じだい》に、中国《ちゅうごく》から入《はい》ってきた漆器《しっき》の影響《えいきょう》を受《う》けて生《う》まれた工芸品《こうげいひん》です。おもに**カツラやイチョウの木《き》でできた器《うつわ》に、牡丹《ぼたん》の花《はな》や渦巻《うずまき》の模様《もよう》などを彫刻《ちょうこく》し、仕上《しあ》げに漆《うるし》を塗《ぬ》ったもの**で、力強《ちからづよ》い彫《ほ》りとやわらかな漆《うるし》の色合《いろあ》いが特徴《とくちょう》です。古《ふる》くはお寺《てら》で使《つか》う仏《ぶつ》具《ぐ》や茶道具《ちゃどうぐ》などに使《つか》われていましたが、現《げん》在《ざい》ではおぼんや皿《さら》といった日用品《にちようひん》もつくられています。

日本《にほん》の寄木細工《よせぎざいく》の歴史《れきし》は平安時代《へいあんじだい》までさかのぼりますが、箱根町《はこねまち》や小田原市《おだわらし》でつくられる箱根寄木細工《はこねよせぎざいく》の始《はじ》まりは、江戸時代《えどじだい》といわれています。初《はじ》めは箱根《はこね》で豊富《ほうふ》にとれる木材《もくざい》を使《つか》ったみやげものとして、シンプルな模様《もよう》の製品《せいひん》が多《おお》かったようですが、時代《じだい》とともに**さまざまな色《いろ》の木《き》を寄《よ》せ合《あ》わせた複雑《ふくざつ》な模様《もよう》の製品《せいひん》**がつくられるようになりました。今《いま》では箱根《はこね》の名産品《めいさんひん》というだけでなく、その見事《みごと》な模様《もよう》から、美術品《びじゅつひん》としても高《たか》い評価《ひょうか》を受《う》けています。

提供：箱根町役場

さまざまな色《いろ》の木《き》を組《く》み合《あ》わせて模様《もよう》がつくられている箱根寄木細工《はこねよせぎざいく》。

室町時代《むろまちじだい》～桃山時代《ももやまじだい》につくられた牡丹《ぼたん》が彫《ほ》られたお香《こう》の容器《ようき》「牡丹文香合《ぼたんもんこうごう》」。中国《ちゅうごく》の漆器《しっき》の模倣《もほう》から鎌倉彫《かまくらぼり》固有《こゆう》のデザインに移行《いこう》した頃《ころ》の作品《さくひん》。

提供：鎌倉彫資料館

鎌倉彫《かまくらぼり》と箱根寄木細工《はこねよせぎざいく》を体験《たいけん》できる施設《しせつ》

		住所《じゅうしょ》	ホームページ
鎌倉彫《かまくらぼり》	鎌倉彫資料館《かまくらぼりしりょうかん》	鎌倉市小町《かまくらしこまち》 2-15-13 鎌倉彫会館《かまくらぼりかいかん》 3F	https://museum.kamakuraborikaikan.jp
	鎌倉彫工芸館《かまくらぼりこうげいかん》	鎌倉市由比ガ浜《かまくらしゆいがはま》 3-4-7	https://www.kamakurabori-kougeikan.jp
箱根寄木細工《はこねよせぎざいく》	畑宿寄木会館《はたじゅくよせぎかいかん》	神奈川県足柄下郡箱根《かながわけんあしがらしもぐんはこね》町畑宿《まちはたじゅく》 103	箱根町観光協会《はこねまちかんこうきょうかい》 https://www.hakone.or.jp 箱根湯本観光協会《はこねゆもとかんこうきょうかい》 http://www.hakoneyumoto.com
	本間寄木美術館《ほんまよせぎびじゅつかん》	神奈川県足柄下郡箱根《かながわけんあしがらしもぐんはこね》町湯本《まちゆもと》 84	https://www.yoseki-museum.com

豆知識《まめちしき》

寄木細工《よせぎざいく》づくりの技術《ぎじゅつ》は静岡《しずおか》にもありますが、箱根独自《はこねどくじ》の寄木細工《よせぎざいく》をつくり上《あ》げたのは石川仁兵衛《いしかわにへえ》という人《ひと》です。仁兵衛《にへえ》のふる里《さと》の箱根町《はこねまち》畑宿《はたじゅく》は、箱根寄木細工《はこねよせぎざいく》発祥《はっしょう》の地《ち》とされています。

46 横浜発展《よこはまはってん》に大《おお》きな役割《やくわり》を担《にな》った生糸《きいと》の貿易《ぼうえき》と「横浜《よこはま》スカーフ」

1858（安政《あんせい》5）年《ねん》の**日米修好通商条約《にちべいしゅうこうつうしょうじょうやく》**を皮切《かわき》りに、江戸幕府《えどばくふ》と諸外国《しょがいこく》とで条約《じょうやく》が結《むす》ばれ、翌年《よくねん》に横浜《よこはま》が開港《かいこう》します。それまで日本《にほん》は中国《ちゅうごく》やオランダなど一部《いちぶ》の外国《がいこく》としか貿易《ぼうえき》をしていませんでしたが、条約《じょうやく》を結《むす》んだ国々《くにぐに》との貿易《ぼうえき》が始《はじ》まったのです。

幕末《ばくまつ》から明治時代《めいじじだい》にかけて、**日本《にほん》の主要《しゅよう》な輸出品《ゆしゅつひん》は生糸《きいと》**でした。日本《にほん》は生糸《きいと》のおかげで外国《がいこく》からばく大《だい》な外貨《がいか》を獲得《かくとく》し、近代《きんだい》化《か》を進《すす》めました。生糸《きいと》は現在《げんざい》の群馬県《ぐんまけん》、長《なが》野県《のけん》、山梨県《やまなしけん》、福島県《ふくしまけん》などの産地《さんち》から横浜《よこはま》の貿易商《ぼうえきしょう》のもとに運《はこ》ばれ、外国《がいこく》の商館《しょうかん》に販《はん》売《ばい》されました。開港直後《かいこうちょくご》はヨーロッパで生《き》糸《いと》を生《う》む蚕《かいこ》の病気《びょうき》がまん延《えん》していたため、ヨーロッパの国々《くにぐに》はこぞって日本《にほん》の良質《りょうしつ》な生糸《きいと》を買《か》い求《もと》めたといいます。

その後《ご》、**生糸貿易《きいとぼうえき》の拠点《きょてん》となった横浜《よこはま》では、絹織物《きぬおりもの》の製造《せいぞう》と輸出《ゆしゅつ》も盛《さか》んに**なりました。とくに**横浜製《よこはませい》の絹《きぬ》のハンカチ**はヨーロッパで人気《にんき》を博《はく》しました。このハンカチがやがて**横浜《よこはま》スカーフ**となり、世界的《せかいてき》なブランド品《ひん》として発展《はってん》していきます。時代《じだい》を経《へ》た今《いま》も絹製《きぬせい》のスカーフづくりは、横浜《よこはま》の地場産業《じばさんぎょう》として根《ね》づいています。

かつては横浜生糸検査所《よこはまきいとけんさじょ》だった横浜第二合同庁舎《よこはまだいにごうどうちょうしゃ》。正面《しょうめん》の上部《じょうぶ》にある紋章《もんしょう》には、蚕蛾《かいこが》と菊《きく》の紋《もん》、桑《くわ》の葉《は》がデザインされている。

絹《きぬ》の原料《げんりょう》となる蚕《かいこ》のマユ。

横浜《よこはま》の輸出品上位《ゆしゅつひんじょうい》5品目《ひんもく》の移《うつ》り変《か》わり（明治時代《めいじじだい》）

年次《ねんじ》	第《だい》1位《い》		第《だい》2位《い》		第《だい》3位《い》		第《だい》4位《い》		第《だい》5位《い》	
	品目《ひんもく》	構成比《こうせいひ》	品目《ひんもく》	構成比《こうせいひ》	品目《ひんもく》	構成比《こうせいひ》	品目《ひんもく》	構成比《こうせいひ》	品目《ひんもく》	構成比《こうせいひ》
1870（明治《めいじ》3）年《ねん》	生糸《きいと》	40.4%	蚕種《さんしゅ》	30.6%	茶《ちゃ》	23.8%	繭《まゆ》	0.9%	真綿《まわた》	0.7%
1880（明治《めいじ》13）年《ねん》	生糸《きいと》	32.2%	茶《ちゃ》	24.9%	蚕種《さんしゅ》	5.2%	漆器《しっき》	2.1%	陶磁器《とうじき》	1.7%
1890（明治《めいじ》23）年《ねん》	生糸《きいと》	42.3%	茶《ちゃ》	11.2%	銅《どう》	9.4%	絹《きぬ》ハンカチ	7.7%	絹織物《きぬおりもの》	3.2%
1900（明治《めいじ》33）年《ねん》	生糸《きいと》	46.9%	絹織物《きぬおりもの》	19.6%	茶《ちゃ》	5.6%	銅《どう》	5.2%	絹《きぬ》ハンカチ	4.5%
1910（明治《めいじ》43）年《ねん》	生糸《きいと》	58.1%	絹織物《きぬおりもの》	13.8%	銅《どう》	3.1%	絹《きぬ》ハンカチ	2.1%	茶《ちゃ》	1.8%

いずれも生糸《きいと》がトップで、蚕種《さんしゅ》（蚕《かいこ》の卵《たまご》）や繭《まゆ》、真綿《まわた》といった原材料《げんざいりょう》のほか、絹織物《きぬおりもの》、絹《きぬ》ハンカチなどの加工品《かこうひん》も輸出《ゆしゅつ》された。

絹《きぬ》のハンカチから発展《はってん》した「横浜《よこはま》スカーフ」。最盛期《さいせいき》の1976（昭和《しょうわ》51）年頃《ねんごろ》には、スカーフの国内生産量《こくないせいさんりょう》90%、世界生産量《せかいせいさんりょう》の50%を占《し》めていた。 提供：横浜繊維振興会

横浜《よこはま》の本牧《ほんもく》にある三溪園《さんけいえん》は、生糸貿易《きいとぼうえき》で財《ざい》を成《な》した原富太郎《はらとみたろう》（三溪《さんけい》）によってつくられた。

© 横浜観光情報

豆知識《まめちしき》

横浜《よこはま》スカーフは、型《かた》に流《なが》した染料《せんりょう》を手作業《てさぎょう》で染《そ》めていく手法《しゅほう》に特徴《とくちょう》があります。この「手捺染《てなっせん》」という職人技術《しょくにんぎじゅつ》は、明治時代《めいじじだい》から継承《けいしょう》され、すでに120年以上《ねんいじょう》の歴史《れきし》があります。

47 マグロ漁船《ぎょせん》の寄港地《きこうち》として栄《さか》えた三崎港《みさきこう》の今昔《こんじゃく》

三浦市《みうらし》にある**三崎港《みさきこう》**は、東京湾《とうきょうわん》の入《い》り口《ぐち》にあたる三浦半島《みうらはんとう》の突端《とったん》に位置《いち》しています。江戸時代《えどじだい》には、江戸《えど》や各地《かくち》の船《ふね》の寄港《きこう》地として栄《さか》え、豊《ゆた》かな漁場《ぎょじょう》も近《ちか》いことから、**沖合漁業《おきあいぎょぎょう》の拠点《きょてん》**にもなっていました。

三崎港《みさきこう》は現在《げんざい》、**日本《にほん》でも有数《ゆうすう》のマグロの水揚《みずあ》げ漁港《ぎょこう》**として有名《ゆうめい》です。その歴史《れきし》は古《ふる》く、明治時代《めいじじだい》の終《お》わりにマグロ船《せん》の寄港地《きこうち》となり、漁船《ぎょせん》の大型化《おおがたか》が進《すす》んだ昭和初期《しょうわしょき》には、マグロなどの**遠洋漁業《えんようぎょぎょう》の基地《きち》**として発展《はってん》しました。遠洋《えんよう》で獲《と》って冷凍《れいとう》したマグロの取引《とりひき》が始《はじ》まったのは、昭和《しょうわ》30年代《ねんだい》以降《いこう》のことです。しかし、マグロの取《と》り扱《あつか》い量《りょう》は年々《ねんねん》減《へ》り続《つづ》けているようです。沿岸《えんがん》・沖合《おきあい》漁業《ぎょぎょう》の漁獲量《ぎょかくりょう》も減《へ》っており、漁業《ぎょぎょう》の街《まち》はにぎわいを失《うしな》いつつあります。

それでも２０１８（平成《へいせい》30）年《ねん》には日本《にほん》初《はつ》の**冷凍《れいとう》マグロ専用《せんよう》の低温卸売市場《ていおんおろしうりいちば》**がオープンし、地域全体《ちいきぜんたい》で漁業《ぎょぎょう》の街復活《まちふっかつ》に取《と》り組《く》んでいます。今《いま》もブランド魚《ぎょ》であるマグロを求《もと》めて、多《おお》くの観光客《かんこうきゃく》が三崎港《みさきこう》や魚市場《うおいちば》を訪《おとず》れます。魚市場《うおいちば》の周辺《しゅうへん》にはさまざまなマグロ料理《りょうり》を味《あじ》わえる店《みせ》も立《た》ち並《なら》び、観光《かんこう》客《きゃく》の舌《した》を楽《たの》しませています。

三崎港周辺地図《みさきこうしゅうへんちず》

三浦半島《みうらはんとう》の南端《なんたん》にある三崎港《みさきこう》は、東京湾《とうきょうわん》の入口《いりぐち》にあると同時《どうじ》に、漁場《ぎょじょう》にも近《ちか》いのが特徴《とくちょう》だ。

国土地理院地図を元に作成

三崎《みさき》のご当地《とうち》ラーメン「三崎《みさき》まぐろラーメン」。マグロの出汁《だし》でとったスープを使《つか》い、麺《めん》の上《うえ》にはマグロの尾《お》の身《み》の角切《かくぎ》りが入《はい》ったあんがかかっている。

魚市場周辺《うおいちばしゅうへん》には、マグロ料理《りょうり》を食《た》べられる飲食店《いんしょくてん》などが並《なら》ぶ。

ラーメンのほかにもお刺身《さしみ》や海鮮丼《かいせんどん》、かぶと焼《や》きなど、さまざまなマグロ料理《りょうり》が味《あじ》わえるよ！

冷凍《れいとう》されたマグロを船《ふね》からクレーンで水揚《みずあ》げする様子《ようす》。

豆知識《まめちしき》

三崎港《みさきこう》ではさまざまな種類《しゅるい》のマグロが水揚《みずあ》げされます。クロマグロ・ミナミマグロ・インドマグロなど希少《きしょう》なマグロも水揚《みずあ》げされますが、三崎《みさき》のマグロといえば、おもに水揚《みずあ》げ量《りょう》が多《おお》いメバチマグロを指《さ》します。

48 小田原名物《おだわらめいぶつ》の梅干《うめぼ》しは江戸時代《えどじだい》の殿様《とのさま》がつくった？

梅干《うめぼ》しといえば梅《うめ》の生産量全国《せいさんりょうぜんこく》トップの和歌山県《わかやまけん》が有名《ゆうめい》ですが、神奈川県《かながわけん》でも梅《うめ》の生産《せいさん》が行《おこな》われており、なかでも小田原市《おだわらし》は県内《けんない》トップの梅《うめ》の産地《さんち》で、梅干《うめぼ》しが市《し》の特《とく》産品《さんひん》になっています。

小田原《おだわら》と梅《うめ》の歴史《れきし》はとても古《ふる》く、室町時《むろまちじ》代《だい》に戦国大名《せんごくだいみょう》の先駆《さきが》けとして名高《なだか》い**北条早《ほうじょうそう》雲《うん》が、薬《くすり》としても効用《こうよう》がある梅干《うめぼ》しを気《き》に入《い》り、兵糧《ひょうろう》にも使《つか》おうと、小田原城下《おだわらじょうか》に梅《うめ》を植《う》えた**のが始《はじ》まりとされています。この梅《うめ》の栽培《さいばい》が大《おお》きく発展《はってん》したのは江戸時代《えどじだい》の後期《こうき》。小田原藩《おだわらはん》を治《おさ》めていた大久保家《おおくぼけ》の当《とう》主《しゅ》が、苦《くる》しい財政《ざいせい》を立《た》て直《なお》すため、**梅《うめ》の栽《さい》培《ばい》と梅干《うめぼ》しの製造《せいぞう》を奨励《しょうれい》**しました。当時《とうじ》の小田原《おだわら》は、東海道《とうかいどう》の難所《なんしょ》である箱根山越《はこねやまご》えの旅人《たびびと》が集《あつ》まる宿場町《しゅくばまち》でした。その旅人《たびびと》の疲労《ひろう》を癒《い》やし、携帯《けいたい》するお弁当《べんとう》の腐敗《ふはい》を防《ふせ》ぐ梅干《うめぼ》しはたいへん重宝《ちょうほう》されたのです。

小田原《おだわら》では、関東三大梅林《かんとうさんだいばいりん》にも数《かぞ》えられる**曽我梅林《そがばいりん》**を中心《ちゅうしん》に、さまざまな品種《ひんしゅ》の梅《うめ》が栽培《さいばい》されています。なかでも小田原《おだわら》オリジナルの「十郎梅《じゅうろううめ》」は、種《たね》が小《ちい》さく、実《み》は肉厚《にくあつ》でやわらかく、梅干《うめぼ》しにもっとも適《てき》した品種《ひんしゅ》といわれています。

提供：公益社団法人神奈川県観光協会

曽我梅林《そがばいりん》では、毎年《まいとし》梅《うめ》の花《はな》が咲《さ》くシーズンに梅《うめ》まつりが開《ひら》かれている。

現在《げんざい》栽培《さいばい》されるのは、小田原《おだわら》オリジナル品種《ひんしゅ》の十郎梅《じゅうろううめ》ほか、白加賀《しらかが》梅《うめ》、杉田梅《すぎたうめ》、南高梅《なんこううめ》、小梅《こうめ》など。

曽我梅林周辺《そがばいりんしゅうへん》の地図《ちず》

国土地理院地図を元に作成

小田原市《おだわらし》の北東部《ほくとうぶ》、下曽我駅周辺《しもそがえきしゅうへん》の別所《べっしょ》・原《はら》・中川原《なかがわら》の梅林《ばいりん》を総称《そうしょう》して曽我梅林《そがばいりん》と呼《よ》ぶ。

梅干《うめぼ》しは、疲労回復《ひろうかいふく》にもピッタリじゃ！

小田原駅西口駅前《おだわらえきにしぐちえきまえ》にある北条早雲《ほうじょうそううん》の像《ぞう》。

豆知識《まめちしき》

神奈川県小田原市《かながわけんおだわらし》の曽我梅林《そがばいりん》、茨城県水戸市《いばらきけんみとし》の偕楽園《かいらくえん》、埼玉県越生町《さいたまけんおごせまち》の越生梅林《おごせばいりん》は「関東三大梅林《かんとうさんだいばいりん》」と呼《よ》ばれています。ただしこれはあくまでも通称《つうしょう》で、国《くに》などでそう決《き》められているわけではありません。

49 巨木《きょぼく》の森《もり》は魚《さかな》のため？ 真鶴《まなづる》の魚《うお》つき保安林《ほあんりん》

川《かわ》や海《うみ》にいる魚《さかな》と地上《ちじょう》の森林《しんりん》の間《あいだ》には、関係《かんけい》がまったくないように思《おも》えますが、じつは魚《さかな》が生《い》きていくうえで、森林《しんりん》は非常《ひじょう》に大切《たいせつ》な役割《やくわり》を果《は》たしています。**川《かわ》を通《つう》じて流域《りゅういき》の森林《しんりん》からミネラルなどの栄養分《えいようぶん》が海《うみ》に送《おく》られ、それによって繁殖《はんしょく》した植物《しょくぶつ》プランクトンを魚《さかな》や貝《かい》が食《た》べて育《そだ》ちます。**しかし、森林《しんりん》がなくなると、海《うみ》に栄養《えいよう》がいかなくなって魚《さかな》や貝《かい》の食《た》べものが減《へ》り、漁《りょう》に悪《わる》い影響《えいきょう》が出《で》る危険《きけん》があります。

漁場《ぎょじょう》を守《まも》るために保護《ほご》される森林《しんりん》は**魚《うお》つき保安林《ほあんりん》**と呼《よ》ばれます。**真鶴町《まなづるまち》**でも、漁業《ぎょぎょう》資源《しげん》を守《まも》るため、真鶴半島《まなづるはんとう》の先端《せんたん》にある森《しん》林《りん》を保存《ほぞん》しています。この森林《しんりん》は**お林《はやし》**と呼《よ》ばれ、真鶴《まなづる》の海《うみ》の豊《ゆた》かな生態系《せいたいけい》を支《ささ》えています。お林《はやし》はもともと、江戸時代《えどじだい》に江戸《えど》への木材供給《もくざいきょうきゅう》のため、**15万本《まんぼん》の松《まつ》**を植《う》えてできたものでした。明治時代《めいじじだい》には皇室《こうしつ》が所有《しょゆう》し、1904（明治《めいじ》37）年《ねん》に魚《うお》つき保安《ほあん》林《りん》に指定《してい》され、国《くに》に管理《かんり》されていました。1952（昭和《しょうわ》27）年《ねん》からお林《はやし》は真鶴町《まなづるまち》の所有《しょゆう》となり、現在《げんざい》は「保全《ほぜん》プロジェクト」のもと、自然《しぜん》と暮《く》らしを守《まも》ってくれる特別《とくべつ》な存在《そんざい》として大切《たいせつ》にされています。

相模湾《さがみわん》に突《つ》き出《だ》した真鶴半島《まなづるはんとう》。半島《はんとう》の先端部《せんたんぶ》にうっそうとした森《もり》が広《ひろ》がっている。

魚《うお》つき保安林《ほあんりん》の範囲《はんい》

国土地理院地図を元に作成

江戸時代《えどじだい》から明治時代《めいじじだい》にかけて、クロマツやクスノキが植林《しょくりん》された場所《ばしょ》だったが、現在《げんざい》は自生《じせい》したスダジイの巨木《きょぼく》も生《お》い茂《しげ》り、混交林《こんこうりん》となっている。

豆知識《まめちしき》

「魚《うお》つき保安林《ほあんりん》」の考《かんが》え方《かた》は、江戸時代《えどじだい》にはすでにあったそうです。当時《とうじ》から森林《しんりん》が魚《さかな》を育《はぐく》むことは広《ひろ》く知《し》られていて、こうした林《はやし》の伐採《ばっさい》を禁《きん》じていた藩《はん》もありました。

50 「はやぶさ2《ツー》」ほか宇宙探査《うちゅうたんさ》の基地《きち》が相模原《さがみはら》にある

相模原市中央区《さがみはらしちゅうおうく》に設置《せっち》されているのが、JAXA《ジャクサ》（宇宙航空研究開発機構《うちゅうこうくうけんきゅうかいはつきこう》）の研究《けんきゅう》施設《しせつ》「JAXA《ジャクサ》相模原《さがみはら》キャンパス（宇宙科学研究所《うちゅうかがくけんきゅうじょ》）」です。ここではおもに「はやぶさ」「はやぶさ2《ツー》」といった探査機《たんさき》や科学衛星《かがくえいせい》などの研究《けんきゅう》や開発《かいはつ》が行《おこな》われています。

現在《げんざい》、この一帯《いったい》には相模原市立博物館《さがみはらしりつはくぶつかん》、淵野辺公園《ふちのべこうえん》などがありますが、昭和初期《しょうわしょき》までは、山林《さんりん》や畑《はたけ》が広《ひろ》がる農村《のうそん》でした。しかし、昭和《しょうわ》10年代《ねんだい》、都心《としん》から近《ちか》く、土地《とち》も平《へい》坦《たん》な相模原《さがみはら》に軍事設備《ぐんじせつび》をつくろうという計《けい》画《かく》が立《た》てられ、さまざまな軍事関連施設《ぐんじかんれんしせつ》が建設《けんせつ》されていきました。

1945（昭和《しょうわ》20）年《ねん》、日本《にほん》が戦争《せんそう》に敗《やぶ》れると、軍《ぐん》の施設《しせつ》はアメリカ軍《ぐん》に接収《せっしゅう》され、陸軍機甲整備学校《りくぐんきこうせいびがっこう》が置《お》かれていた、現在《げんざい》のJAXA《ジャクサ》相模原《さがみはら》キャンパス一帯《いったい》は、アメリカ陸軍《りくぐん》のキャンプ淵野辺《ふちのべ》になりました。

1974（昭和《しょうわ》49）年《ねん》、キャンプ淵野辺《ふちのべ》が日本《にほん》に返還《へんかん》されると、跡地《あとち》は国有地《こくゆうち》に。その後《ご》、相模原市《さがみはらし》は町《まち》おこしの一環《いっかん》として目黒区駒場《めぐろくこまば》にあった宇宙科学研究所《うちゅうかがくけんきゅうじょ》にはたらきかけ、1989（平成元《へいせいがん》）年《ねん》に相模原《さがみはら》キャンパスが開設《かいせつ》されました。

JAXA《ジャクサ》相模原《さがみはら》キャンパス周辺《しゅうへん》の今《いま》と昔《むかし》

国土地理院地図を元に作成

1953（昭和《しょうわ》28）年《ねん》

現在《げんざい》

桑畑《くわばたけ》や山林《さんりん》が広《ひろ》がっていた相模原《さがみはら》に、昭和《しょうわ》10年代《ねんだい》に軍《ぐん》の施設《しせつ》が続々《ぞくぞく》と建《た》てられ、戦後《せんご》は米軍《べいぐん》に接収《せっしゅう》された。1974（昭和《しょうわ》49）年《ねん》、キャンプ淵野辺《ふちのべ》が日本《にほん》に返還《へんかん》され、1989（平成元《へいせいがん》）年《ねん》、その場所《ばしょ》に現在《げんざい》のJAXA《ジャクサ》相模原《さがみはら》キャンパスが開設《かいせつ》された。

世界《せかい》で初《はじ》めて、全段固体《ぜんだんこたい》ロケットにより地球脱出《ちきゅうだっしゅつ》を果《は》たしたM-3SII《ミュースリーエスツー》ロケット。

2014（平成《へいせい》26）年《ねん》、JAXA《ジャクサ》相模原《さがみはら》キャンパスで公開《こうかい》された「はやぶさ2《ツー》」。

豆《まめ》知《ち》識《しき》

宇宙科学《うちゅうかがく》の研究《けんきゅう》を行《おこな》う拠点《きょてん》「JAXA《ジャクサ》相模原《さがみはら》キャンパス」の構内《こうない》には、研究《けんきゅう》・管理棟《かんりとう》、ロケットや人工衛星《じんこうえいせい》に搭載《とうさい》する機器《きき》の基礎開発《きそかいはつ》や試験《しけん》を行《おこな》う環境試験棟《かんきょうしけんとう》、先端宇宙科学実験棟《せんたんうちゅうかがくじっけんとう》などの施設《しせつ》があります。

51 江戸《えど》時代《じだい》から400年《ねん》以上《いじょう》使《つか》われてきた川崎《かわさき》の二《に》ケ《か》領《りょう》用《よう》水《すい》

多摩川《たまがわ》の水《みず》を川崎市多摩区《かわさきしたまく》の2カ所《しょ》の堰《せき》（農業《のうぎょう》や工業《こうぎょう》などの用水《ようすい》を川《かわ》からとるために河川《かせん》の水位《すいい》を制御《せいぎょ》する施設《しせつ》）から取水《しゅすい》し、川崎市幸区《かわさきしさいわいく》まで流《なが》れる農業用水路《のうぎょうようすいろ》が**二ケ領用水**《にかりょうようすい》です。その歴史《れきし》はとても古《ふる》く、完成《かんせい》してからすでに400年《ねん》以上《いじょう》も経《た》っており、**南関東最古《みなみかんとうさいこ》の用水路《ようすいろ》**です。

二ケ領用水《にかりょうようすい》がつくられるきっかけは、徳《とく》川家康《がわいえやす》の関東《かんとう》への国替《くにが》えと、1590（天《てん》正《しょう》18）年《ねん》の多摩川《たまがわ》の大洪水《だいこうずい》といわれています。当時《とうじ》、暴《あば》れ川《がわ》だった多摩川流域《たまがわりゅういき》は大雨《おおあめ》が降《ふ》るたびに洪水《こうずい》で荒《あ》れていたため、家康《いえやす》は新《あら》たな水田開発《すいでんかいはつ》と農業用水《のうぎょうようすい》の開削《かいさく》を指示《しじ》しました。1597（慶長《けいちょう》2）年《ねん》に測量《そくりょう》が始《はじ》まり、2回《かい》の大工事《だいこうじ》を経《へ》て、14年後《ねんご》に、用水路《ようすいろ》が完成《かんせい》します。工事《こうじ》が**稲毛領《いなげりょう》と川崎《かわさき》領《りょう》にまたがっていた**ことから、この用水路《ようすいろ》は「二ケ領用水《にかりょうようすい》」と呼《よ》ばれているわけです。

二ケ領用水《にかりょうようすい》は、農業用水《のうぎょうようすい》のほか、昭和《しょうわ》になると工業用水《こうぎょうようすい》にも使《つか》われるようになり、工場《こうじょう》や家庭《かてい》からの排水《はいすい》で汚《よご》れてしまいました。その後《ご》、二ケ領用水《にかりょうようすい》の再生運動《さいせいうんどう》で水質《すいしつ》が改善《かいぜん》。現在《げんざい》は散策路《さんさくろ》も整備《せいび》され、水辺《みずべ》を歩《ある》ける環境用水《かんきょうようすい》としても親《した》しまれています。

上河原堰《かみがわらせき》

JR南武線《なんぶせん》・中野島駅北《なかのしまえききた》にある上河原堰《かみがわらせき》の取水口《しゅすいこう》。

宿河原堰《しゅくがわらせき》

宿河原堰《しゅくがわらせき》の取水口《しゅすいこう》。

落合《おちあい》

本川《ほんせん》と宿河原堀《しゅくがわらぼり》の合流地点《ごうりゅうちてん》。

二ヶ領用水《にかりょうようすい》の流路《りゅうろ》

国土地理院地図を元に作成

久地円筒分水《くじえんとうぶんすい》

ここで用水《ようすい》の水《みず》を4つに分《わ》けて流《なが》している。

二ヶ領用水《にかりょうようすい》（本川《ほんせん》）

府中街道《ふちゅうかいどう》に沿《そ》うように流《なが》れ、中野島《なかのしま》、登戸《のぼりと》などの農地《のうち》に水《みず》を供給《きょうきゅう》している。

豆知識《まめちしき》

環境用水《かんきょうようすい》とは、水質《すいしつ》や自然環境《しぜんかんきょう》を守《まも》ったり、改善《かいぜん》をはかることを目的《もくてき》に利用《りよう》する水資源《みずしげん》のことを指《さ》します。二ヶ領用水《にかりょうようすい》に沿《そ》った散策路《さんさくろ》も環境用水《かんきょうようすい》として利用《りよう》する目的《もくてき》でつくられました。

52 神奈川県民《かながわけんみん》の暮《く》らしを支《ささ》える４つのダムがすごい！

首都圏《しゅとけん》の多《おお》くは、水源《すいげん》を他県《たけん》につくられたダムに頼《たよ》っていますが、神奈川県《かながわけん》はちがいます。**酒匂川水系《さかわがわすいけい》の三保《みほ》ダム、相模川水系《さがみがわすいけい》の相模《さがみ》・城山《しろやま》・宮ケ瀬《みやがせ》ダムを中心《ちゅうしん》に、県内《けんない》の水源《すいげん》から県民《けんみん》に水《みず》を供給《きょうきゅう》**しています。

この４つのダムでもっとも古《ふる》いのが相模《さがみ》ダムで、戦時中《せんじちゅう》から戦後《せんご》にかけ、横浜《よこはま》と川崎《かわさき》の沿岸地域《えんがんちいき》の人口増加《じんこうぞうか》と工場《こうじょう》で使《つか》う水《みず》の増加《ぞうか》に対応《たいおう》するため建設《けんせつ》され、１９４７（昭和《しょうわ》22）年《ねん》に完成《かんせい》しました。その後《ご》も神奈川県《かながわけん》の人口《じんこう》は増《ふ》え続《つづ》け、相模《さがみ》ダムだけで水《みず》をまかなうことができなくなりました。

そこで相模《さがみ》ダムの下流《かりゅう》に補助的《ほじょてき》なダムとして、１９６５（昭和《しょうわ》40）年《ねん》に城山《しろやま》ダムが完成《かんせい》します。さらに２００１（平成《へいせい》13）年《ねん》には同《おな》じ相模川水系《さがみがわすいけい》の中津川《なかつがわ》に宮ケ瀬《みやがせ》ダムが完成《かんせい》。このダムは将来的《しょうらいてき》に安定《あんてい》して水《みず》を供給《きょうきゅう》する目的《もくてき》で国《くに》が建設《けんせつ》したもので、堤《つつみ》の高《たか》さが１５６ｍもある巨大《きょだい》ダムです。

最後《さいご》に酒匂川水系《さかわがわすいけい》の三保《みほ》ダムは、神奈川県内《かながわけんない》の**水道水源《すいどうすいげん》の30％以上《いじょう》**を誇《ほこ》るダムです。上水道《じょうすいどう》での利用《りよう》のほか、洪水防止《こうずいぼうし》や水力発電《すいりょくはつでん》を目的《もくてき》に、１９７９（昭和《しょうわ》54）年《ねん》に完成《かんせい》しました。

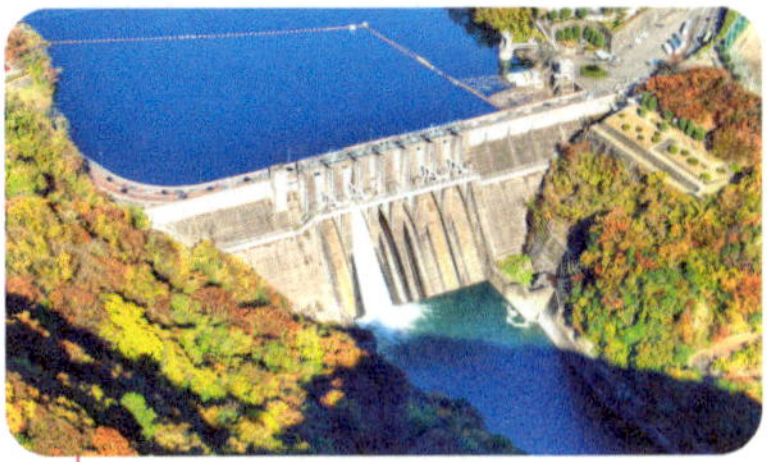

相模《さがみ》ダム（相模湖《さがみこ》）

1947（昭和《しょうわ》22）年完成《ねんかんせい》の重力式《じょうりょくしき》コンクリートダム。有効貯水容量《ゆうこうちょすいようりょう》4820万《まん》㎥。

城山《しろやま》ダム（津久井湖《つくいこ》）

1965（昭和《しょうわ》40）年完成《ねんかんせい》の重力式《じゅうりょくしき》コンクリートダム。有効貯水容量《ゆうこうちょすいようりょう》5120万《まん》㎥。

神奈川県《かながわけん》の2水系《すいけい》の4つのダム

神奈川県内《かながわけんない》の上水道《じょうすいどう》・水源別構成比《すいげんべつこうせいひ》

水系《すいけい》	ダム名《めい》	割合《わりあい》
相模川水系《さがみがわすいけい》	相模《さがみ》ダム	17.3%
	城山《しろやま》ダム	16.0%
	宮ヶ瀬《みやがせ》ダム	22.6%
	そのほか	6.5%
酒匂川水系《さかわがわすいけい》	三保《みほ》ダム	31.9%
	そのほか	0.3%
そのほかの河川《かせん》		0.6%
伏流水《ふくりゅうすい》・湧水《わきみず》・地下水《ちかすい》		4.8%

2022（令和4）年4月1日現在

三保《みほ》ダム（丹沢湖《たんざわこ》）

1979（昭和《しょうわ》54）年完成《ねんかんせい》のロックフィルダム。有効貯水容量《ゆうこうちょすいようりょう》5450万《まん》㎥。

宮ヶ瀬《みやがせ》ダム（宮ヶ瀬湖《みやがせこ》）

2001（平成《へいせい》13）年完成《ねんかんせい》の重力式《じゅうりょくしき》コンクリートダム。有効貯水容量《ゆうこうちょすいようりょう》1億《おく》8300万《まん》㎥。

豆知識《まめちしき》

横浜市民《よこはましみん》が水道水《すいどうすい》として使《つか》う水源《すいげん》のひとつが相模湖《さがみこ》ですが、横浜市《よこはまし》へはその水《みず》が「水路橋《すいろきょう》」という、場所《ばしょ》によっては地上《ちじょう》から見上《みあ》げるような高《たか》さの橋《はし》を通《とお》って運《はこ》ばれてきています。

53

箱根《はこね》のほかにも温泉《おんせん》いっぱい 湯《ゆ》めぐり神奈川県《かながわけん》

神奈川県《かながわけん》には、県西部《けんせいぶ》の箱根温泉《はこねおんせん》から東部《とうぶ》の横浜《よこはま》や川崎《かわさき》まで、さまざまな温泉《おんせん》が分布《ぶんぷ》しています。神奈川県《かながわけん》の温泉《おんせん》は、大《おお》きく**火山性温泉《かざんせいおんせん》**と**非火山性温泉《ひかざんせいおんせん》**に分《わ》けられます。

火山性温泉《かざんせいおんせん》とは、**地上《ちじょう》に降《ふ》った雨《あめ》や雪《ゆき》が地下水《ちかすい》となり、火山《かざん》のマグマの熱《ねつ》で温《あたた》められて温泉《おんせん》**となったものです。

神奈川県《かながわけん》の代表的《だいひょうてき》な火山性温泉《かざんせいおんせん》である**箱根温泉《はこねおんせん》や湯河原温泉《ゆがわらおんせん》**は、約《やく》200万年前《まんねんまえ》以後《いご》の箱根火山《はこねかざん》の活動《かつどう》によって形成《けいせい》されました。泉質《せんしつ》はさまざまで、神経痛《しんけいつう》や冷《ひ》え性《しょう》などに効《き》くとされています。

非火山性温泉《ひかざんせいおんせん》には、**深層地下水型《しんそうちかすいがた》**と**化石海水型《かせきかいすいがた》**があります。深層地下水型《しんそうちかすいがた》とは、**地下水《ちかすい》が地下深《ちかふか》くで、高温《こうおん》の岩石《がんせき》や地熱《ちねつ》に熱《ねつ》せられて温泉《おんせん》**になったもの。化石海水型《かせきかいすいがた》とは、**太古《たいこ》の地殻変動《ちかくへんどう》などで地中《ちちゅう》に閉《と》じ込《こ》められた海水《かいすい》が温泉《おんせん》**となったものです。

県中央部《けんちゅうおうぶ》にある丹沢山地周辺《たんざわさんちしゅうへん》の**七沢温泉《ななさわおんせん》や中川温泉《なかがわおんせん》**は深層地下水型《しんそうちかすいがた》で、泉質《せんしつ》は強《きょう》アルカリ性《せい》、美肌《びはだ》の湯《ゆ》とされています。

横浜《よこはま》・川崎《かわさき》の温泉《おんせん》、県西部《けんせいぶ》の**鶴巻温泉《つるまきおんせん》**は化石海水型《かせきかいすいがた》です。ほぼ中性《ちゅうせい》の茶褐色《ちゃかっしょく》の炭酸水素塩泉《たんさんすいそえんせん》で、神経痛《しんけいつう》に効《き》くとされます。

神奈川県《かながわけん》のおもな温泉《おんせん》

神奈川県内《かながわけんない》には源泉《げんせん》が607カ所《しょ》あり、全国《ぜんこく》で10番目《ばんめ》（令和《れいわ》4年《ねん》）に多《おお》い。温泉《おんせん》地《ち》は県内《けんない》に約《やく》40カ所《しょ》ある。

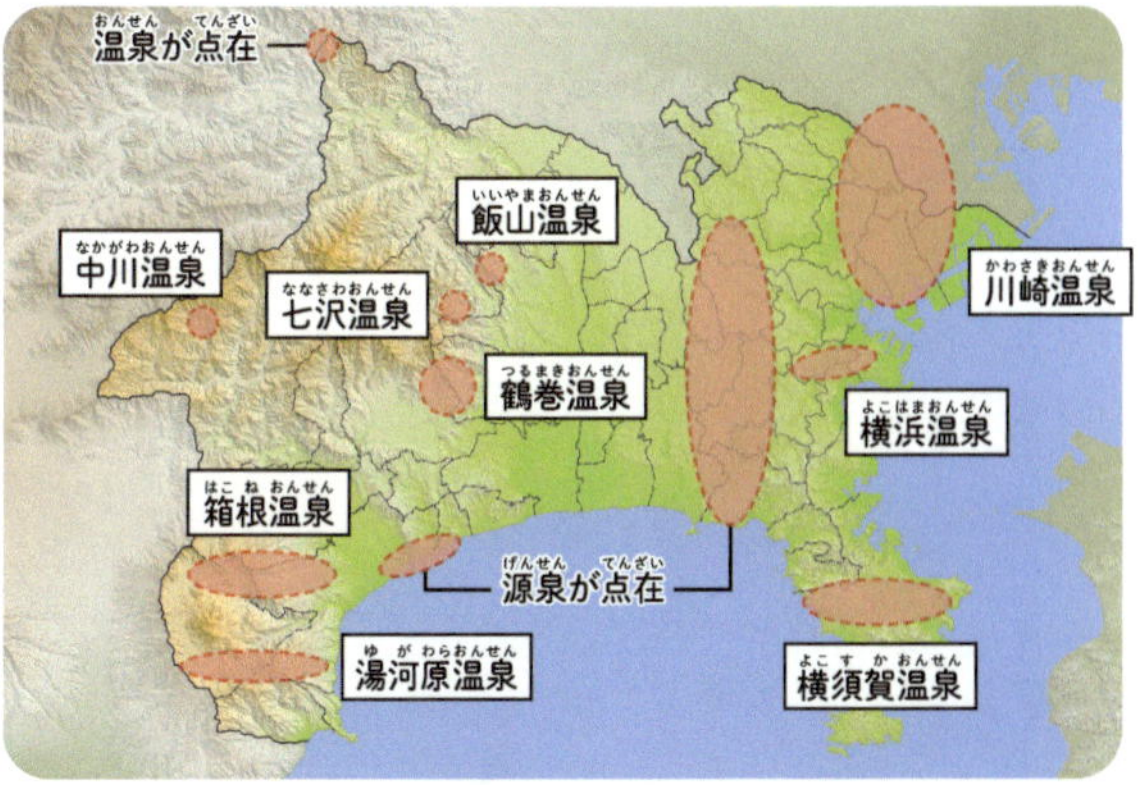

火山性《かざんせい》の温泉《おんせん》と非火山性《ひかざんせい》の温泉《おんせん》

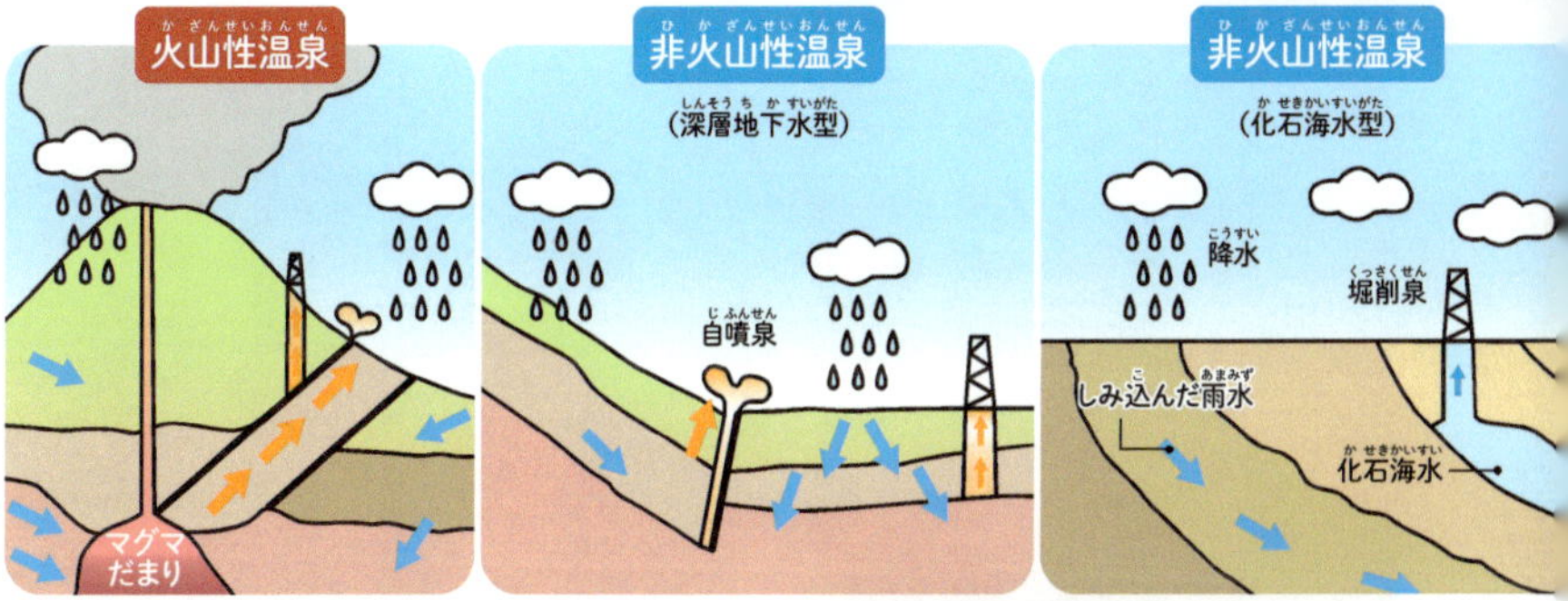

火山性温泉《かざんせいおんせん》はマグマの熱《ねつ》で温《あたた》められた温泉《おんせん》。非《ひ》火山性温泉《かざんせいおんせん》の深層地下水型《しんそうちかすいがた》は地下深《ちかふか》いところの熱《ねつ》で温《あたた》められた温泉《おんせん》で、化石海水型《かせきかいすいがた》は地中《ちちゅう》に閉《と》じ込《こ》められた海水《かいすい》からなる温泉《おんせん》だ。

箱根《はこね》の底倉温泉《そこくらおんせん》を流《なが》れる蛇骨川沿《じゃこつがわぞ》いにある「太閤石風呂《たいこういわぶろ》」。小田原城攻《おだわらじょうぜ》めをしたときに豊臣秀吉《とよとみひでよし》が兵《へい》の疲《つか》れを癒《い》やしたという。

提供：箱根町役場

豆《まめ》知《ち》識《しき》

神奈川県《かながわけん》の温泉《おんせん》の歴史《れきし》は非常《ひじょう》に古《ふる》く、湯河原温泉《ゆがわらおんせん》は最古《さいこ》の歌集《かしゅう》・万葉集《まんようしゅう》にも詠《よ》まれているほど。箱根温泉《はこねおんせん》が開《ひら》かれたのは奈良時代《ならじだい》で、戦国時代《せんごくじだい》には武将《ぶしょう》や兵士《へいし》が温泉《おんせん》で傷《きず》を癒《い》やしたそうです。

54 日本《にほん》の海《うみ》の玄関口《げんかんぐち》・横浜港《よこはまこう》の歴史《れきし》とさらに進化《しんか》する姿《すがた》

幕末《ばくまつ》、江戸幕府《えどばくふ》がアメリカと日米修好通商条約《にちべいしゅうこうつうしょうじょうやく》を結《むす》び、５港《こう》を開港《かいこう》しました。そのうちのひとつが横浜《よこはま》です。条約《じょうやく》によって小《ちい》さな漁村《ぎょそん》だった横浜《よこはま》とその沿岸《えんがん》には、波止場《はとば》や外国人《がいこくじん》の居留地《きょりゅうち》がつくられます。

明治時代《めいじじだい》になって外国《がいこく》との貿易《ぼうえき》が盛《さか》んになってくると、商人《しょうにん》たちの要望《ようぼう》で１８８９（明治《めいじ》22）年《ねん》に横浜港《よこはまこう》の拡張工事《かくちょうこうじ》が始《はじ》まり、7年後《ねんご》に大《おお》さん橋《ばし》が完成《かんせい》。貿易港《ぼうえきこう》としてのかたちが整《ととの》えられていきました。しかし、急増《きゅうぞう》する貿易量《ぼうえきりょう》に設備《せつび》が追《お》いつかず、神戸《こうべ》などライバル港《こう》の出現《しゅつげん》もあり、さらなる拡張工事《かくちょうこうじ》が進《すす》められます。その後《ご》、関東大震災《かんとうだいしんさい》で施設《しせつ》は壊滅《かいめつ》しますが、国《くに》や県《けん》、商人《しょうにん》たちなどの力《ちから》で復旧《ふっきゅう》を果《は》たしました。こうして横浜港《よこはまこう》は、大正《たいしょう》から昭和《しょうわ》にかけ、国際貿易港《こくさいぼうえきこう》、工業港《こうぎょうこう》として大《おお》きく発展《はってん》します。

横浜港《よこはまこう》では現在《げんざい》、２０２８（令和《れいわ》10）年《ねん》の完成《かんせい》を目指《めざ》し、新本牧《しんほんもく》ふ頭《とう》の建設《けんせつ》が進《すす》められています。全長《ぜんちょう》４００ｍにもなる世界《せかい》最大級《さいだいきゅう》のコンテナ船《せん》が進入《しんにゅう》し、積《つ》み替《か》え作業《さぎょう》もできるよう、総延長《そうえんちょう》１０００ｍ、水深《すいしん》18ｍ以上《いじょう》というスケールで、日本最大《にほんさいだい》のコンテナクレーンも設置《せっち》されます。

横浜《よこはま》・川崎港《かわさきこう》の開発《かいはつ》の移《うつ》り変《か》わり

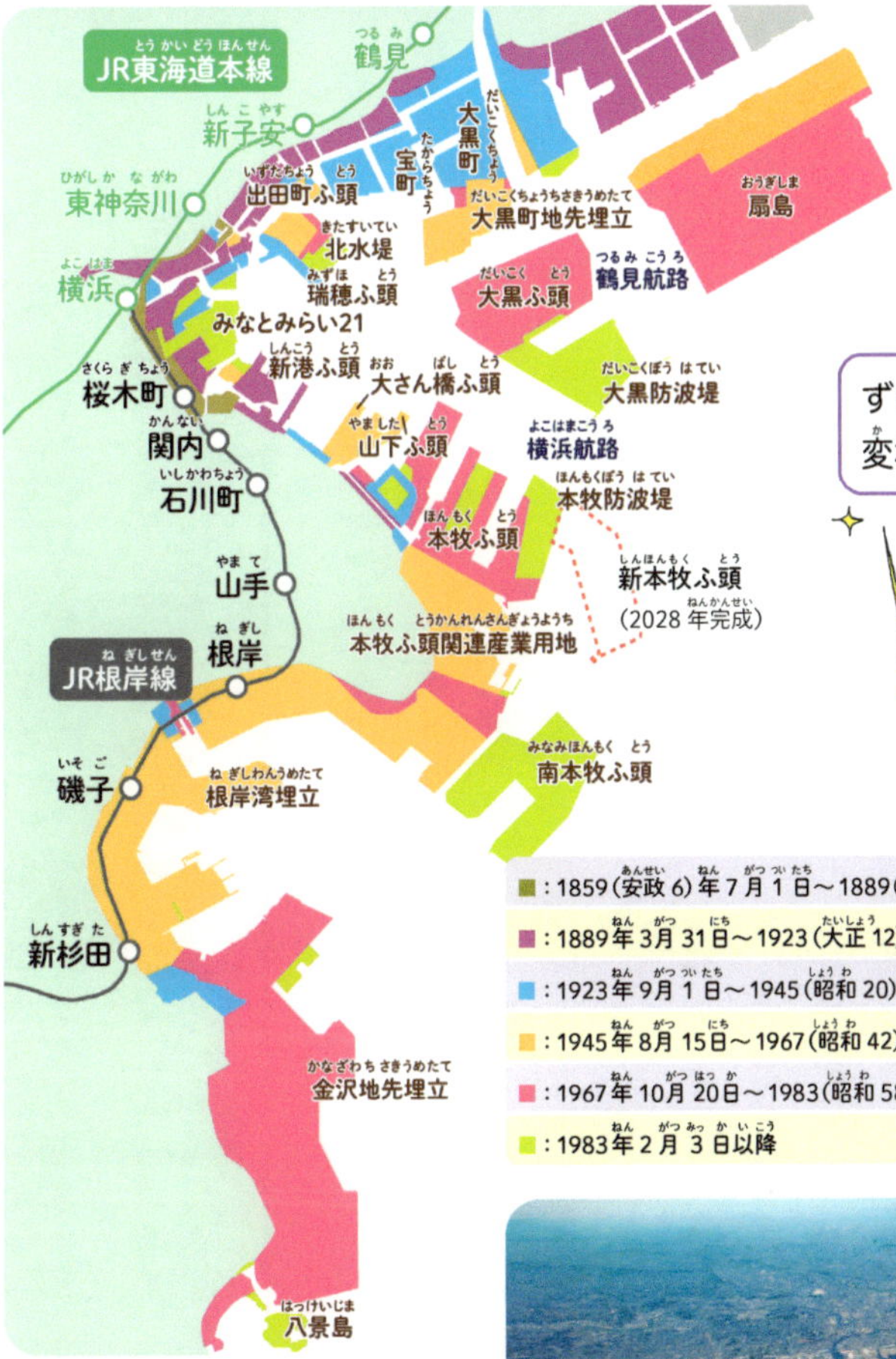

■：1859(安政《あんせい》6)年《ねん》7月《がつ》1日《ついたち》～1889(明治《めいじ》22)年《ねん》3月《がつ》31日《にち》

■：1889年《ねん》3月《がつ》31日《にち》～1923(大正《たいしょう》12)年《ねん》8月《がつ》31日《にち》

■：1923年《ねん》9月《がつ》1日《ついたち》～1945(昭和《しょうわ》20)年《ねん》8月《がつ》14日《じゅうよっか》

■：1945年《ねん》8月《がつ》15日《にち》～1967(昭和《しょうわ》42)年《ねん》10月《がつ》19日《じゅうくにち》

■：1967年《ねん》10月《がつ》20日《はつか》～1983(昭和《しょうわ》58)年《ねん》2月《がつ》2日《ふつか》

■：1983年《ねん》2月《がつ》3日《みっか》以降《いこう》

2028年《ねん》には、本牧《ほんもく》ふ頭《とう》(写真手前右《しゃしんてまえみぎ》)の東側《ひがしがわ》に新本牧《しんほんもく》ふ頭《とう》が完成《かんせい》の予定《よてい》。

豆《まめ》知《ち》識《しき》

現在《げんざい》の世界最大級《せかいさいだいきゅう》のコンテナ船《ぶね》が港《みなと》に進入《しんにゅう》するには、水深《すいしん》が18m以上《いじょう》必要《ひつよう》になります。横浜港《よこはまこう》のある本牧沖《ほんもくおき》は、遠浅《とおあさ》の東京湾《とうきょうわん》にはめずらしく水深《すいしん》が20mほどあり、世界基準《せかいきじゅん》を満《み》たしたふ頭《とう》の建設《けんせつ》が可能《かのう》なのです。

55 小《ちい》さな漁村《ぎょそん》だった横須賀《よこすか》に造船所《ぞうせんじょ》や軍港《ぐんこう》ができたわけ

江戸時代《えどじだい》、東京湾《とうきょうわん》の入《い》り口《ぐち》にあたる浦賀《うらが》は海上貿易《かいじょうぼうえき》の拠点《きょてん》であり、江戸《えど》を外敵《がいてき》から守《まも》るための要衝《ようしょう》でした。幕末《ばくまつ》、黒船《くろふね》の来航《らいこう》で危機感《ききかん》をもった幕府《ばくふ》は、**湾《わん》の水深《すいしん》が深《ふか》く平地《へいち》の多《おお》い浦賀《うらが》に軍艦《ぐんかん》の造船所《ぞうせんじょ》を建設《けんせつ》**します。明治時代《めいじじだい》になると、造船所《ぞうせんじょ》は明治政府《めいじせいふ》に引《ひ》き継《つ》がれます。その後《ご》、近代国家《きんだいこっか》として海軍力《かいぐんりょく》を高《たか》めるため、造船所《ぞうせんじょ》を浦賀《うらが》から横須賀《よこすか》に移《うつ》し、軍港《ぐんこう》を築《きず》いて**鎮守府《ちんじゅふ》**を置《お》きました。**横須賀造船所《よこすかぞうせんじょ》**は海軍《かいぐん》の直轄《ちょっかつ》となり、1903（明治《めいじ》36）年《ねん》には**横須賀海軍《よこすかかいぐん》工廠《こうしょう》**として、軍備《ぐんび》の拡張《かくちょう》とともに第二次世《だいにじせ》界大戦《かいたいせん》まで、多《おお》くの軍艦《ぐんかん》や空母《くうぼ》を建造《けんぞう》。のちに戦艦《せんかん》の修理《しゅうり》と製造《せいぞう》を行《おこな》う浦賀《うらが》ドックがつくられた浦賀《うらが》とともに、横須賀周辺《よこすかしゅうへん》は海《かい》軍《ぐん》の一大拠点《いちだいきょてん》となっていきます。現在《げんざい》、横《よこ》須賀市《すかし》が記念艦《きねんかん》として保存《ほぞん》している**戦艦三《せんかんみ》笠《かさ》**は、イギリス製《せい》ですが、1902（明治《めいじ》35）年《ねん》に完成《かんせい》したあとすぐに横須賀《よこすか》に運《はこ》ばれ、連合艦隊《れんごうかんたい》の旗艦《きかん》となりました。

第二次世界大戦《だいにじせかいたいせん》が終《お》わると、横須賀《よこすか》は軍《ぐん》港都市《こうとし》の役割《やくわり》を終《お》えますが、市内各所《しないかくしょ》には日米安保条約《にちべいあんぽじょうやく》にのっとり、米軍《べいぐん》と自衛隊《じえいたい》の関係施設《かんけいしせつ》が数多《かずおお》く配置《はいち》されています。

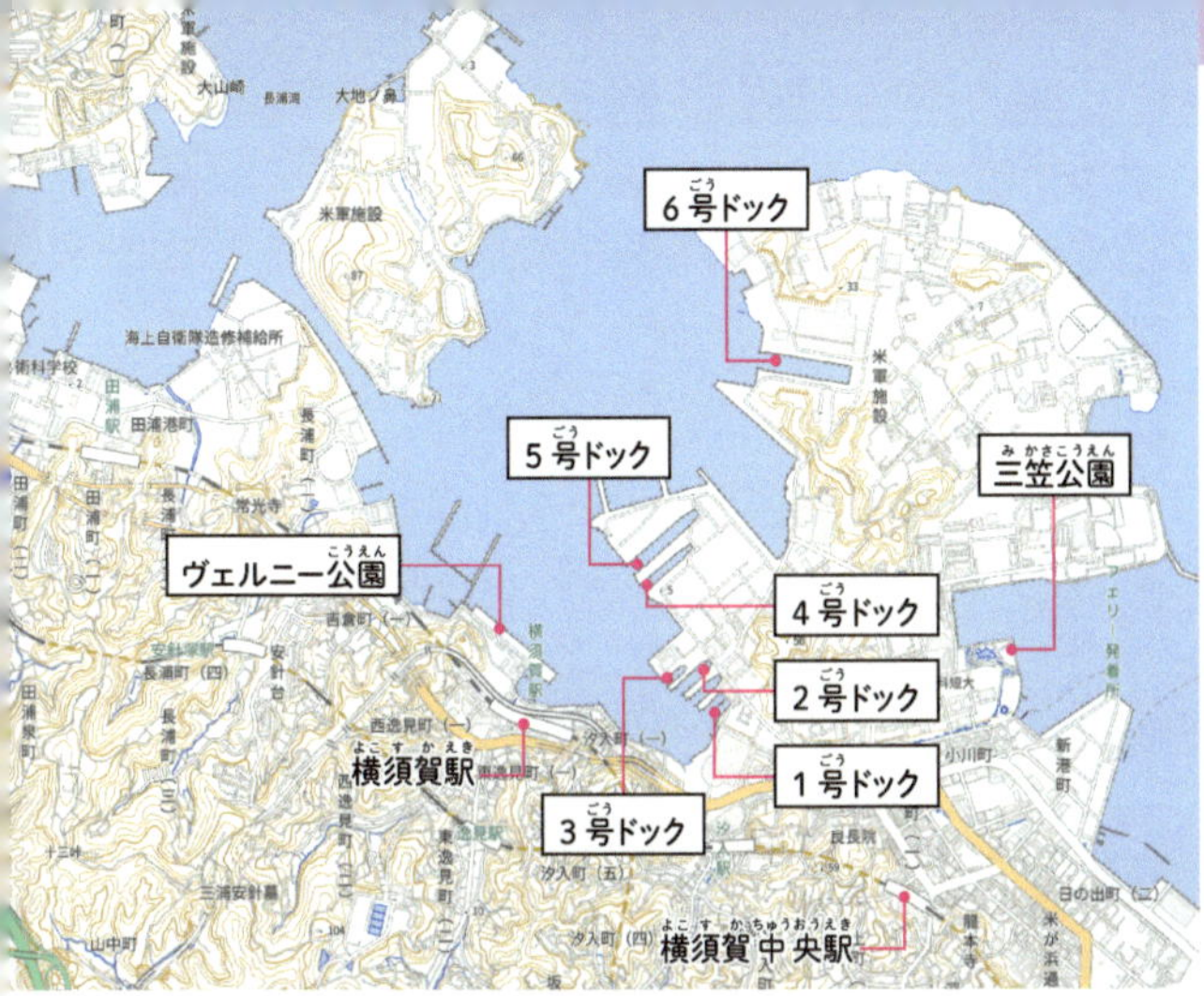

沿岸部《えんがんぶ》が入《い》り組《く》んだ地形《ちけい》になっているため、横須《よこす》賀港付近《かこうふきん》は波《なみ》の影響《えいきょう》を受《う》けにくい。横須賀造船所《よこすかぞうせんじょ》時代《じだい》に築《きず》かれた１～６号《ごう》ドックが米軍横須賀基地《べいぐんよこすかきち》内《ない》に現存《げんぞん》している。

国土地理院地図を元に作成

旧横須賀製鉄所跡地《きゅうよこすかせいてつじょあとち》を望《のぞ》むことができるヴェルニー公園《こうえん》。

2015年《ねん》10月1日《がつついたち》、横須賀《よこすか》に配備《はいび》された米空母《べいくうぼ》ロナルド・レーガン。

日露戦争《にちろせんそう》で活躍《かつやく》した戦艦三笠《せんかんみかさ》が保存《ほぞん》されている三笠公園《みかさこうえん》。

アメリカ海軍横須賀海軍施設内《かいぐんよこすかかいぐんしせつない》にある２号《ごう》・３号《ごう》ドック付近《ふきん》。

豆知識《まめちしき》

横須賀沖《よこすかおき》に浮《う》かぶ猿島《さるしま》は、かつて旧日本軍《きゅうにほんぐん》の砲台《ほうだい》が置《お》かれ、軍事要塞《ぐんじようさい》化《か》していた島《しま》でした。今《いま》の猿島《さるしま》は観光地《かんこうち》として活用《かつよう》され、島内《とうない》にはかつて兵舎《へいしゃ》や弾薬庫《だんやくこ》だった建物《たてもの》などが廃墟《はいきょ》として残《のこ》っています。

神奈川県《かながわけん》の お祭《まつ》りカレンダー

神奈川県《かながわけん》のおもなお祭《まつ》りマップ

一年《いちねん》を通《とお》して県内《けんない》のあちこちでさまざまなお祭《まつ》りが楽《たの》しめる！

神奈川県内《かながわけんない》には、それぞれの地区《ちく》に根《ね》ざしたさまざまなお祭《まつ》りがあります。昔《むかし》から伝《つた》わる伝統的《でんとうてき》なお祭《まつ》りでその土地《とち》の歴史《れきし》を感《かん》じたり、世代《せだい》を超《こ》えて参加《さんか》できるイベントでみんなで盛《も》り上《あ》がったり。身近《みぢか》なお祭《まつ》りを楽《たの》しむのはもちろん、ときには少《すこ》し足《あし》を延《の》ばしてみると、違《ちが》った神奈川《かながわ》の魅力《みりょく》に触《ふ》れることができます。

巨大《きょだい》な凧《たこ》が空《そら》を舞《ま》う⑩大凧《おおだこ》まつり。
提供：座間市観光協会

華《はな》やかな船《ふね》が海《うみ》を渡《わた》る⑱貴船《きぶね》まつり。
提供：公益社団法人神奈川県観光協会

神奈川県《かながわけん》のお祭《まつ》りカレンダー

1月《がつ》	
中旬《ちゅうじゅん》	① **左義長《さぎちょう》**（大磯町《おおいそまち》）　場所《ばしょ》：北浜海岸《きたはまかいがん》 県内最大規模《けんないさいだいきぼ》の「どんど焼《や》き」で、高《たか》く積《つ》み上《あ》がった塔《とう》が燃《も》え上《あ》がる様子《ようす》は迫力満点《はくりょくまんてん》。
15日《にち》	② **チャッキラコ**（三浦市《みうらし》）　場所《ばしょ》：三崎町《みさきちょう》 女性《じょせい》だけで行《おこな》われる豊漁《ほうりょう》や豊作《ほうさく》、商売繁盛《しょうばいはんじょう》を祈願《きがん》する踊《おど》り。
2月《がつ》	
上《じょう》〜下旬《げじゅん》	③ **小田原梅《おだわらうめ》まつり**（小田原市《おだわらし》）　場所《ばしょ》：曽我梅林《そがばいりん》、小田原城址公園《おだわらじょうしこうえん》ほか 約《やく》3万《まん》5000本《ぼん》の梅《うめ》が咲《さ》き誇《ほこ》る曽我梅林《そがばいりん》ほか、小田原市内《おだわらしない》の各所《かくしょ》で梅《うめ》の花《はな》を楽《たの》しめる。
3月《がつ》	
下旬《げじゅん》	④ **仙石原湯立獅子舞《せんごくはらゆだてししまい》**（箱根町《はこねまち》）　場所《ばしょ》：仙石原諏訪神社《せんごくはらすわじんじゃ》 獅子《しし》が熊笹《くまざさ》の束《たば》で振《ふ》りかける湯《ゆ》がかかると、一年間健康《いちねんかんけんこう》でいられるといわれる。
4月《がつ》	
第《だい》2日曜《にちよう》〜 第《だい》3日曜《にちよう》	⑤ **鎌倉《かまくら》まつり**（鎌倉市《かまくらし》）　場所《ばしょ》：鶴岡八幡宮《つるがおかはちまんぐう》 武者行列《むしゃぎょうれつ》のほか、舞殿《まいでん》で静御前《しずかごぜん》が舞《ま》った「静《しずか》の舞《まい》」の再現《さいげん》、勇壮《ゆうそう》な「流鏑馬《やぶさめ》」も行《おこな》われる。
15日《にち》	⑥ **日向薬師春季例大祭《ひなたやくししゅんきれいたいさい》**（伊勢原市《いせはらし》）　場所《ばしょ》：日向薬師《ひなたやくし》 山伏姿《やまぶしすがた》の修験者《しゅげんじゃ》が約《やく》5mの木《き》に登《のぼ》り祈願《きがん》をする「神木《しぎ》のぼり」や火渡《ひわた》りなどが行《おこな》われる。
中旬《ちゅうじゅん》	⑦ **野毛大道芸《のげだいどうげい》**（横浜市中区《よこはましなかく》）　場所《ばしょ》：野毛坂通《のげざかどお》り、野毛本通《のげほんどお》りなど 国内外《こくないがい》の実力派《じつりょくは》パフォーマーが集結《しゅうけつ》し、各所《かくしょ》でパフォーマンスを繰《く》り広《ひろ》げる。
29日《にち》	⑧ **五所八幡宮例大祭《ごしょはちまんぐうれいたいさい》**（中井町《なかいまち》）　場所《ばしょ》：五所八幡宮《ごしょはちまんぐう》 山車《だし》や神輿《みこし》のほか、貴重《きちょう》な民俗芸能《みんぞくげいのう》「鷺《さぎ》の舞《まい》」を見《み》ることができる。
5月《がつ》	
3日《みっか》	⑨ **小田原北條五代祭《おだわらほうじょうごだいまつ》り**（小田原市《おだわらし》）　場所《ばしょ》：小田原城址公園周辺《おだわらじょうしこうえんしゅうへん》 北条早雲《ほうじょうそううん》が率《ひき》いる武者隊《むしゃたい》をはじめとする約《やく》1700人《にん》の武者行列《むしゃぎょうれつ》が市内《しない》を勇壮《ゆうそう》に練《ね》り歩《ある》く。
4〜5日《いつか》	⑩ **大凧《おおだこ》まつり**（座間市《ざまし》）　場所《ばしょ》：相模川《さがみがわ》グラウンド 男子《だんし》の初節句《はつぜっく》を祝《いわ》い、13m四方《しほう》、総重量《そうじゅうりょう》約《やく》1トンの巨大《きょだい》な大凧《おおだこ》が空《そら》を舞《ま》う。
5日《いつか》	⑪ **相模国府祭《さがみこうのまち》**（大磯町《おおいそまち》）　場所《ばしょ》：六所神社《ろくしょじんじゃ》ほか 旧相模国内《きゅうさがみのくにない》にある6つの神社《じんじゃ》が集《つど》い、相模国《さがみのくに》の天下太平《てんかたいへい》と五穀豊穣《ごこくほうじょう》を祈願《きがん》する。
第《だい》4土曜《どよう》	⑫ **湯《ゆ》かけまつり**（湯河原町《ゆがわらまち》）　場所《ばしょ》：不動滝《ふどうたき》〜泉公園《いずみこうえん》 沿道《えんどう》の人《ひと》からかけられる温泉《おんせん》の湯《ゆ》を浴《あ》びながら、神輿《みこし》が温泉街《おんせんがい》を練《ね》り歩《ある》く。
6月《がつ》	
2日《ふつか》前後《ぜんご》	⑬ **横浜開港祭《よこはまかいこうさい》**（横浜市中区《よこはましなかく》）　場所《ばしょ》：臨港《りんこう》パーク、みなとみらい21地区《ちく》ほか 6月《がつ》2日《ふつか》の横浜開港《よこはまかいこう》の日《ひ》を記念《きねん》して、さまざまな催《もよお》しが実施《じっし》される。
第《だい》1日曜《にちよう》	⑭ **蛇《じゃ》も蚊《か》も祭《まつ》り**（横浜市鶴見区《よこはましつるみく》）　場所《ばしょ》：生麦地区《なまむぎちく》 疫病退散《えきびょうたいさん》を願《ねが》って、カヤを編《あ》んでつくった長《なが》さ約《やく》20mの蛇《へび》が町内《ちょうない》を練《ね》り歩《ある》く。
上旬《じょうじゅん》の金曜《きんよう》・ 土曜《どよう》・日曜《にちよう》	⑮ **湘南《しょうなん》ひらつか七夕《たなばた》まつり**（平塚市《ひらつかし》）　場所《ばしょ》：平塚駅北口商店街《ひらつかえききたぐちしょうてんがい》など 高《たか》さ十数《じゅうすう》mの大竹《おおたけ》を使《つか》った七夕飾《たなばたかざ》りが東海道本通《とうかいどうほんどお》り約《やく》500mに飾《かざ》られる。

6月《がつ》	
中旬《ちゅうじゅん》	⑯ **浦賀《うらが》の虎踊《とらおど》り**(横須賀市《よこすかし》)　場所《ばしょ》：為朝神社《ためともじんじゃ》 西浦賀《にしうらが》に伝《つた》わる民俗芸能《みんぞくげいのう》で、暴《あば》れる親子《おやこ》の虎《とら》を男性《だんせい》が退治《たいじ》する様子《ようす》を舞《ま》い踊《おど》る。
7月《がつ》	
第《だい》3月曜《げつよう》	⑰ **浜降祭《はまおりさい》**(茅ヶ崎市《ちがさきし》)　場所《ばしょ》：茅ヶ崎西浜海岸《ちがさきにしはまかいがん》 茅ヶ崎市内《ちがさきしない》の神輿《みこし》が早朝《そうちょう》に海岸《かいがん》に結集《けっしゅう》し、海《うみ》のなかへ担《かつ》ぎ出《だ》され、禊《みそぎ》が行《おこな》われる。
最終《さいしゅう》の金曜《きんよう》・土曜《どよう》	⑱ **貴船《きぶね》まつり**(真鶴町《まなづるまち》)　場所《ばしょ》：貴船神社《きぶねじんじゃ》 豊漁《ほうりょう》、無病息災《むびょうそくさい》を祈願《きがん》するため、華《はな》やかに飾《かざ》りつけられた船《ふね》が海《うみ》を渡《わた》る。
下旬《げじゅん》の土曜《どよう》・日曜《にちよう》	⑲ **上溝夏祭《かみみぞなつまつ》り**(相模原市《さがみはらし》)　場所《ばしょ》：亀ヶ池八幡宮《かめがいけはちまんぐう》 江戸時代末期《えどじだいまっき》より伝《つた》わる祭《まつ》りで、20基余《きあま》りの神輿《みこし》と8台《だい》の山車《だし》が勇壮《ゆうそう》さと華麗《かれい》さを競《きそ》う。
下旬《げじゅん》の土曜《どよう》・日曜《にちよう》	⑳ **神奈川大和阿波《かながわやまとあわ》おどり**(大和市《やまとし》)　場所《ばしょ》：大和駅周辺商店街《やまとえきしゅうへんしょうてんがい》 関東三大阿波踊《かんとうさんだいあわおど》りのひとつで、全国《ぜんこく》から集《あつ》まった踊《おど》り手《て》たちが演舞《えんぶ》を披露《ひろう》する。
8月《がつ》	
上旬《じょうじゅん》	㉑ **あつぎ鮎《あゆ》まつり**(厚木市《あつぎし》)　場所《ばしょ》：本厚木駅周辺《ほんあつぎえきしゅうへん》 約《やく》1万発《まんぱつ》の大花火大会《だいはなびたいかい》やパレード、ダンスコンテストなど、市民参加型《しみんさんかがた》の催《もよお》しを開催《かいさい》。
中旬《ちゅうじゅん》	㉒ **青龍祭《せいりゅうさい》**(清川村《きよかわむら》)　場所《ばしょ》：緑小学校《みどりしょうがっこう》〜清川村運動公園《きよかわむらうんどうこうえん》 竹《たけ》やカヤなどでつくられた約《やく》20mの雌雄《しゆう》の龍《りゅう》を担《かつ》いで練《ね》り歩《ある》く。
9月《がつ》	
最終《さいしゅう》の土曜《どよう》・日曜《にちよう》	㉓ **秦野《はだの》たばこ祭《まつり》**(秦野市《はだのし》)　場所《ばしょ》：本町地区一円《ほんちょうちくいちえん》 かつて盛《さか》んだった葉《は》たばこ農家《のうか》をねぎらうために始《はじ》まった祭《まつ》りで、パレードや花火《はなび》などが行《おこな》われる。
10月《がつ》	
第《だい》2日曜《にちよう》	㉔ **影向寺《ようごうじ》の縁日《えんにち》**(川崎市《かわさきし》)　場所《ばしょ》：影向寺《ようごうじ》 影向寺《ようごうじ》の境内《けいだい》に露店《ろてん》が並《なら》ぶほか、薬師如来像《やくしにょらいぞう》の御開帳《ごかいちょう》もある。
中旬《ちゅうじゅん》の日曜《にちよう》(不定期《ふていき》、概《おおむ》ね5年《ねん》ごと)	㉕ **山北《やまきた》のお峰入《みねい》り**(山北町《やまきたまち》)　場所《ばしょ》：山北町共和地区《やまきたまちきょうわちく》 「お峰入《みねい》り」とは修験者《しゅげんじゃ》が山中《さんちゅう》で修行《しゅぎょう》を行《おこな》うことで、修験道《しゅげんどう》の儀式《ぎしき》が芸能化《げいのうか》した。
11月《がつ》	
3日《みっか》	㉖ **箱根大名行列《はこねだいみょうぎょうれつ》**(箱根町《はこねまち》)　場所《ばしょ》：湯本温泉街《ゆもとおんせんがい》 旗持《はたもち》、露払《つゆはらい》を先頭《せんとう》に、毛槍《けやり》、奥女中《おくじょちゅう》、大名《だいみょう》駕籠《かご》などが湯本温泉郷《ゆもとおんせんきょう》を練《ね》り歩《ある》く。
3日《みっか》	㉗ **甲州街道小原宿本陣祭《こうしゅうかいどうおばらじゅくほんじんさい》**(相模原市《さがみはらし》)　場所《ばしょ》：小原宿本陣周辺《おばらじゅくほんじんしゅうへん》 県下《けんか》で唯一残《ゆいいつのこ》る本陣《ほんじん》を中心《ちゅうしん》に、甲州街道《こうしゅうかいどう》の街並《まちな》みのなか、大名行列《だいみょうぎょうれつ》が行《おこな》われる。
12月《がつ》	
17〜18日《にち》	㉘ **飯泉観音《いいずみかんのん》だるま市《いち》**(小田原市《おだわらし》)　場所《ばしょ》：勝福寺周辺《しょうふくじしゅうへん》 400年以上《ねんいじょう》続《つづ》くだるま市《いち》で、だるまや熊手《くまで》などの縁起物《えんぎもの》を扱《あつか》う店《みせ》が軒《のき》を連《つら》ねる。

主要参考文献《しゅようさんこうぶんけん》（刊行年順《かんこうねんじゅん》）

渡辺一夫『トコトコ登山電車』（あかね書房、1985年）

貫達人監修『図説 神奈川県の歴史上』（有隣堂、1986年）

貫達人監修『図説 神奈川県の歴史下』（有隣堂、1986年）

吉村光夫『京浜急行今昔物語』（多摩川新聞社、1995年）

野田正穂・青木栄一・原田勝正・老川慶喜編『神奈川の鉄道 1872－1996』（日本経済評論社、1996年）

横浜開港資料館・横浜市歴史博物館編『開港場 横浜ものがたり』（横浜開港資料館・横浜市歴史博物館、1999年）

吉川文夫『東海道線130年の歩み』（グランプリ出版、2002年）

神奈川の自然をたずねて編集委員会編著『日曜の地学 神奈川の自然をたずねて 新訂版』（築地書館、2003年）

横浜市ふるさと歴史財団編『開港150周年記念 横浜 歴史と文化』（有隣堂、2009年）

神崎彰利・大貫英明・福島金治・西川武臣編『神奈川県の歴史 第2版』（山川出版社、2013年）

昭文社編集部編『神奈川のトリセツ』（昭文社、2019年）

高橋典嗣監修『地球には46億年のふしぎがいっぱい！ 空と大地と海のミステリー』（ナツメ社、2023年）

『貨物時刻表』各号（鉄道貨物協会）

雑誌『鉄道ピクトリアル』各号（鉄道図書刊行会）

雑誌『鉄道ダイヤ情報』各号（交通新聞社）

雑誌『レイルマガジン』各号（ネコ・パブリッシング）

主要《しゅよう》参考《さんこう》ウェブページ（五《ご》十音順《じゅうおんじゅん》／アルファベット順《じゅん》）

伊勢原市観光協会	https://isehara-kanko.com
小田原市観光協会	https://www.odawara-kankou.com
小田原城	https://odawaracastle.com
神奈川県	https://www.pref.kanagawa.jp
神奈川県温泉地学研究所	https://www.onken.odawara.kanagawa.jp
神奈川県立金沢文庫	https://www.pen-kanagawa.ed.jp/kanazawabunko/kanazawa.htm
神奈川県立 生命の星・地球博物館	https://nh.kanagawa-museum.jp
かながわの水がめ	https://kanagawa-dam.jp
鎌倉市	https://www.city.kamakura.kanagawa.jp
川崎市	https://www.city.kawasaki.jp
公益財団法人かながわトラストみどり財団	https://ktm.or.jp
国土交通省	https://www.mlit.go.jp
湘南しらす公式サイト	https://shonan-shirasu.org
総務省統計局	https://www.stat.go.jp
農林水産省	https://www.maff.go.jp
箱根町	https://www.town.hakone.kanagawa.jp
箱根町観光協会公式サイト 箱根全山	https://www.hakone.or.jp
箱根ジオパーク	https://www.hakone-geopark.jp
平塚市博物館	https://www.hirahaku.jp
藤沢市観光協会	https://www.fta-shonan.jp
真鶴町	https://www.town.manazuru.kanagawa.jp
三浦按針（ウィリアム・アダムス）オフィシャルサイト	https://www.y-anjin.com
三浦市	https://www.city.miura.kanagawa.jp
文部科学省	https://www.mext.go.jp
横須賀市観光情報	https://www.cocoyoko.net
横浜開港資料館	http://www.kaikou.city.yokohama.jp
横浜観光情報	https://www.welcome.city.yokohama.jp
横浜市	https://www.city.yokohama.lg.jp
横浜スカーフ	https://www.yokohamascarf.com
横浜市歴史博物館	https://www.rekihaku.city.yokohama.jp
横浜中華街	https://www.chinatown.or.jp

監修　梅澤真一

植草学園大学発達教育学部教授。元筑波大学附属小学校教諭。専門は小学校社会科教育。日本社会科教育学会、全国社会科教育学会、日本地理教育学会に所属。著書に『梅澤真一の「深い学び」をつくる社会科授業5年』(東洋館出版社)、監修書に『にゃんこ大戦争でまなぶ！47都道府県』（KADOKAWA）などがある。

編集
田口学、今崎智子、小川真美（アッシュ）

装丁
佐々木瞳（アッシュ）

デザイン
佐々木瞳、山本円香、太宰知宏（アッシュ）

イラスト
伊藤ハムスター

執筆（五十音順）
今崎智子、加山竜司、斉木実、志賀桂子、鈴木ユータ、田口学、真鍋高一、村沢譲

立体地図
菊地博泰

地図
国土地理院、産業技術総合研究所、海上保安庁、菊地博泰、アッシュ

写真（五十音順）
今崎智子、大磯町郷土資料館、神奈川県立金沢文庫、鎌倉彫資料館、公益財団法人横浜市ふるさと歴史財団埋蔵文化財センター、公益社団法人神奈川県観光協会、公益社団法人藤沢市観光協会、国際日本文化研究センター、国土地理院、国立公文書館、国立国会図書館、斉木実、座間市観光協会、志賀桂子、シカゴ美術館、湘南工科大学名誉教授長澤可也・井上道哉研究室、田口学、ニューヨーク公立図書館、箱根町役場、PIXTA 、フォトライブラリー、森山彩夏、メトロポリタン美術館、U.S. NAVY、横須賀市、横浜開港資料館、横浜観光情報、横浜市史資料室、横浜市中央図書館、横浜繊維振興会、吉永陽一

協力
池田博人、海老名市教育委員会、鎌倉彫工芸館、港楽亭、畑宿寄木会館、本間寄木美術館

立体地図の作成には、国土地理院発行の2.5万分の1電子地形図、および基盤地図情報を利用しました。

びっくり探県《たんけん》！　まるごとわかる神奈川《かながわ》の図鑑《ずかん》

2024年10月23日　初版発行

監修／梅澤真一《うめざわしんいち》

発行者／山下直久

発行／株式会社KADOKAWA
〒102-8177　東京都千代田区富士見2-13-3
電話 0570-002-301（ナビダイヤル）

印刷所／株式会社KADOKAWA

製本所／株式会社KADOKAWA

●お問い合わせ
https://www.kadokawa.co.jp/（「お問い合わせ」へお進みください）
※内容によっては、お答えできない場合があります。
※サポートは日本国内のみとさせていただきます。
※Japanese text only

定価はカバーに表示してあります。

ISBN 978-4-04-114789-4　C8025

◆◇◇